Edition KWV

AF147591

Die „Edition KWV" beinhaltet hochwertige Werke aus dem Bereich der Wirtschaftswissenschaften. Alle Werke in der Reihe erschienen ursprünglich im Kölner Wissenschaftsverlag, dessen Programm Springer Gabler 2018 übernommen hat.

Weitere Bände in der Reihe http://www.springer.com/series/16033

Axel Primavesi

Hörfunknachrichten im Wandel

Ein Vergleich der Nachrichtensendungen von WDR 2 und Radio NRW

 Springer Gabler

Axel Primavesi
Berlin, Deutschland

Bis 2018 erschien der Titel im Kölner Wissenschaftsverlag, Köln

Edition KWV
ISBN 978-3-658-24699-0   ISBN 978-3-658-24700-3   (eBook)
https://doi.org/10.1007/978-3-658-24700-3

Die Deutsche Nationalbibliothek verzeichnet diese Publikation in der Deutschen Nationalbibliografie; detail-
lierte bibliografische Daten sind im Internet über http://dnb.d-nb.de abrufbar.

Springer Gabler

Springer Gabler ist ein Imprint der eingetragenen Gesellschaft Springer Fachmedien Wiesbaden GmbH und ist
ein Teil von Springer Nature
Die Anschrift der Gesellschaft ist: Abraham-Lincoln-Str. 46, 65189 Wiesbaden, Germany

Geleitwort

Für Hochschullehrer ist es immer eine besondere Freude, wenn sich Studierende für das Fach begeistern, sich engagiert in ein Teilgebiet einarbeiten und eine Abschlussarbeit schreiben, die zeigt, dass nicht nur Kompetenz und Analysefähigkeit, sondern auch Freude an der empirischen Forschung selbst im Studium erworben wurden. Die vorliegende Studie Axel Primavesis ist eine solch erfreuliche, am Otto-Suhr-Institut der Freien Universität Berlin im Sommer 2005 entstandene Diplomarbeit.

Aus der einschlägigen Sekundärliteratur und Forschungsdebatte zur „massenmedialen Politikvermittlung" filtert Axel Primavesi mit sicherer Konzentration auf das *politikwissenschaftlich* Wesentliche seine zentrale Fragestellung und vier forschungsleitende Hypothesen für seine empirische Studie heraus. Es geht ihm um die Gefahren für eine funktionsfähige Politikvermittlung als Grundlage demokratischer Entscheidungsfindung in der Mediengesellschaft, die von der „Entpolitisierung" der Medien nach deren Privatisierung und Ökonomisierung ausgehen. In der wissenschaftlichen Debatte werden Tendenzen der „Ausdünnung der politischen Information", der „Boulevardisierung" und „Personalisierung" von Politik, des Durchsetzens von „Infotainment" und „Sensationalismus" anstelle von seriöser Berichterstattung konstatiert und mit der Befürchtung verbunden, „dass der Rundfunk seiner Funktion der ‚politischen Aufklärung – verstanden als Verbindung von Information, Kommentierung und Diskussion zum Zwecke öffentlicher und damit mitteilbar und überprüfbar gemachter Meinungsbildung' nicht mehr gerecht wird' und so ‚durch Medienkommunikation verursachte Unterschiede des politischen Wissens und auch der politischen Motivation ein mehr oder weniger demokratiegerechtes wie auch den persönlichen Interessen adäquates Entscheidungsverhalten' gefährden" (S. 3).

Trotz der Bedeutung des Hörfunks konzentrieren sich empirische Forschungen bisher auf das Leitmedium Fernsehen. Längsschnittstudien fehlen genauso wie auf NRW bezogene Regionalstudien, zudem kommen die einzigen Untersuchungen zum Hörfunk zu widersprüchlichen Ergebnissen. Unklar bleibt, ob sich die Entpolitisierungs- und Unterhaltungstendenzen auf private und öffentlich-rechtliche Medien gleichermaßen beziehen. In dieser Forschungslücke ist die Diplomarbeit angesiedelt. Sie untersucht die potentiellen Differenzen in der politischen Berichterstattung eines Privatsenders (Radio NRW) und eines öffentlich-rechtlichen Senders (WDR 2). Insgesamt 66 Nachrichtensendungen wurden in zwei einwöchigen Erhebungszeiträumen (im Mai bzw. Juli 2005) aufgezeichnet und anschließend ausgewertet. Überprüft wird mit einem aus der Sekundärliteratur (v.a. Bruns/Marcinkowski 1997) übernommenen Kategorienschema:

- wie weit und ob sich die Nachrichtensendungen „entpolitisiert" haben;

- ob eine „Boulevardisierung" zu verzeichnen ist;

- ob eine „Personalisierung" der Berichterstattung festzustellen ist;

- wie sich der Informationsgehalt und die Themenvielfalt der Nachrichten gestaltet.

Axel Primavesi zeigt auf, dass im Hörfunk tatsächlich eine deutliche Tendenz zur Entpolitisierung und Boulevardisierung – gemeint ist ein ‚unterhaltender' Themenmix „aus Kriminalität, Sex, Unfällen, Katastrophen einerseits und Skurrilem wie Klatsch und Tratsch andererseits" – festzustellen ist. Allerdings gibt es deutliche Differenzen zwischen privatem und öffentlich-rechtlichem Sender. Mehr als 17% der (öffentlich-rechtlichen) Nachrichten WDR 2 und sogar 27% der (privaten) Nachrichten von Radio NRW beziehen sich auf das Themenspektrum Boulevard/Human Interest. Aber immerhin noch knapp 40% der WDR-Nachrichten sind „politisch", im Privathörfunk hingegen nur noch 16% der Meldungen. Auch in der Themenvielfalt und beim Informationsgehalt schneidet der öffentlich-rechtliche Sender besser ab. Als Politikvermittlungsinstanz gibt Axel Primavesi den privaten Hörfunk abschließend verloren. Im Unterschied zum öffentlich-rechtlichen Hörfunk, bei dem Nachrichten noch „mit einen relativ hohen Anteil politischer Meldungen aus den verschiedenen Ländern und Regionen der Welt" aufwarten, setzten die Privaten „auf die schnelle und knappe Information ihrer Hörer", sind konzentriert auf NRW und Boulevardthemen.

Das sind für Politikwissenschaftler beunruhigende Ergebnisse, bedürfen doch öffentliche Debatten, eine rationale politische Urteilskraft und eine lebendige politische Teilhabe der Bürgerinnen und Bürger des Fundaments einer breiten und sachlichen Information über Politik.

Marburg, im April 2007   *Prof. Dr. Sigrid Koch-Baumgarten*

„And everything I had to know
I heard it on the radio"
(Freddy Mercury/Queen, "Radio gaga", 1984)

Inhalt

Abbildungs- und Tabellenverzeichnis

Abkürzungsverzeichnis

Abb.	Abbildung
A-O	Akteurs O-Ton
DLF	Deutschlandfunk
HR	Hessischer Rundfunk
K-O	Korrespondenten O-Ton
LfM	Landesanstalt für Medien Nordrhein-Westfalen
LRG NW	Landesrundfunkgesetz Nordrhein-Westfalen
LMG NRW	Landesmediengesetz Nordrhein-Westfalen
MA	Media Analyse
NDR	Norddeutscher Rundfunk
O-Ton	Original-Ton
VPRT	Verband Privater Rundfunk und Telekommunikation e.V.
WDR	Westdeutscher Rundfunk

Einleitung

„Heute ist heute, gestern war gestern und morgen wird morgen sein" (Arnold 1999: 132). So lautet für den Hörfunkjournalisten Bernd-Peter Arnold der Grundsatz der Nachrichtenberichterstattung im Radio. Dieser Satz klingt – wie Arnold selbst schreibt – wie eine Binsenweisheit und fasst doch prägnant einige der wichtigsten Eigenschaften des Mediums Hörfunk zusammen: Schnelligkeit und Aktualität. Außerdem ist das Radio – nach der vor kurzem veröffentlichten neunten Welle der Langzeitstudie Massenkommunikation – dasjenige Medium, mit dem die Deutschen die meiste Zeit verbringen: durchschnittlich 221 Minuten, also mehr als dreieinhalb Stunden täglich (Ridder/Engel 2005: 424). Darüber hinaus nehmen „wir einen großen Teil der politischen Informationen, die wir verarbeiten, zuerst über den Hörfunk" (Hesse 1994: 149) wahr.[1] Gleichzeitig kämpft das Radio jedoch seit Jahren mit dem Ruf, zum „Dudelfunk" (Stümpert 2005: 9) verkommen zu sein und seinen Hörern[2] statt qualitativ hochwertiger und ausführlicher (politischer) Informationen nur noch seichte Unterhaltung mit den „größten Hits der 70er, 80er, 90er und von heute" zu bieten.

Zugleich gilt es in der kommunikations- und politikwissenschaftlichen Forschung als unbestritten, dass die Massenmedien[3] im Rahmen der Politikvermittlung mittlerweile eine „Schlüsselrolle" (Sarcinelli 1998b: 11) einnehmen. Unter Politikvermittlung wird dabei sowohl die Vermittlung politischen Handelns aus dem politischen System, als auch die Aufnahme von Interessen, Stimmungen, Meinungen und Wünschen aus der Gesellschaft durch politische Akteure verstanden. Als eine der Ursachen für diesen Bedeutungszuwachs gelten Entwicklungen, die sich unter dem Stichwort „Gesellschaftsevolution" (Saxer 1998: 53) zusammenfassen lassen. Das Hauptproblem pluralistischer, moderner Massengesellschaften besteht demnach darin, ihre evolutionäre Dynamik zu zähmen und die damit verbundene Zunahme an Komplexität zu bewältigen. Denn in solchen Gesellschaften bildet sich eine wachsende Zahl an gesellschaftlichen Subsystemen heraus, „d.h. Handlungszusammenhänge, um zusätzliche Dienstleistungen, Wissenschaften, Güter etc." (Saxer 1998: 53).

---

[1] Vgl. zur Bedeutung und Nutzung des Hörfunks auch Lindner Braun 1998a: 7; Merten/Gansen/Götz 1995: 6; Simon 1998: 191; Stümpert 2005: 9ff; Arnold 1991c: 172.

[2] Aus Gründen der Lesbarkeit und Übersichtlichkeit erscheinen in dieser Arbeit Begriffe, die eine weibliche oder männliche Form aufweisen können, in männlicher Schreibweise. Die weibliche Form ist jeweils eingeschlossen.

[3] Massenmedien werden hier verstanden als „die technischen Verbreitungsmittel für Massenkommunikation, jener Sonderform zwischenmenschlicher Kommunikation, bei der [...] ein ‚Kommunikator' seine Aussagen öffentlich [...], indirekt und einseitig [...] an ein anonymes, heterogenes und raum-zeitlich verstreutes ‚Publikum' richtet. Kommunikatoren sind nach diesem Verständnis Beobachter der Wirklichkeit, die ihre Beobachtungen und Reflexionen [...] wiedergeben. Das Publikum umfasst alle von dem betreffenden Medium erreichbaren ‚Rezipienten' [...]." (Schatz 2000: 366). Nach dem Übertragungsmodus kann man außerdem zwischen Druckmedien und elektronischen Medien unterscheiden (Schatz 2000: 366f).

© Springer Fachmedien Wiesbaden GmbH, ein Teil von Springer Nature 2007
A. Primavesi, *Hörfunknachrichten im Wandel*, Edition KWV,
https://doi.org/10.1007/978-3-658-24700-3_1

Daher gewinnt Kommunikation, also „der Prozess der Zeichen- bzw. Bedeutungsvermittlung für [...] Zusammenhalt und [...] Funktionieren [von Gesell-
schaften] immer größeres Gewicht." (Saxer 1998: 53). Die (massen-) mediale
Kommunikation nimmt hierbei „natürlich eine dominierende Position" (Saxer
1998: 53) ein.

Im Zuge dieser Entwicklung haben außerdem die „klassischen" Organisationen des intermediären Systems (Parteien, Verbände, Gewerkschaften,
Kirchen etc.) sowohl an Bedeutung bezüglich der Politikvermittlung als auch
an gesellschaftlicher Bindekraft verloren, da sie auf einen breiten Wertekon-
sens und homogenisierte, komplementäre Verhaltensmuster angelegt sind
(Altmeppen/Löffelholz 1998: 116f; Saxer 1998: 60; Bruns/Marcinkowski
1997: 21; Jarren/Donges/Weßler 1996: 25). Aufgrund dieser Veränderungen ist
es gerechtfertigt, die Gesellschaft der Bundesrepublik als „Mediengesellschaft"
zu bezeichnen, da die

> „Medienkommunikation [...] eine allgegenwärtige und alle Sphären des
> gesellschaftlichen Seins durchwirkende Prägekraft entfaltet [hat], ein so
> genanntes soziales Totalphänomen geworden ist" (Saxer 1998: 53).

Auch das Mediensystem selbst durchläuft seit Mitte der Achtziger Jahre
einen gewaltigen Wandlungsprozess. Zur Beschreibung dessen hat Otfried
Jarren die Begriffe „Ökonomisierung", „Herausbildung neuer Medientypen"
und „Wandel der Medienkultur" geprägt (Jarren 1998: 78ff). All diese Veränderungen sind eng miteinander verknüpft und bedingen einander, so dass die
Zusammenfassung unter die genannten Schlagworte lediglich den Versuch
darstellt, Ordnung in das Chaos aus komplexen Zusammenhängen zu bringen.
Als einer der Ursachen gilt für die Bundesrepublik die Einführung des privat-
kommerziellen Rundfunks Mitte der 80er Jahre.

Wenn die Vermittlung von Politik für demokratische Gesellschaften von
großer Bedeutung ist und elektronische Massenmedien bei dieser Vermittlung
eine bedeutende Rolle spielen, stellt sich die Frage nach der politischen
Informationsleistung der Medien. Nachdem die wissenschaftliche Forschung
lange das Verhältnis von Politik und Medien vernachlässigt hat, widmet sie
sich diesem Thema spätestens seit Beginn der 90er Jahre umso intensiver
(Sarcinelli 1998b: 12 und 1994a: 37; Koch-Baumgarten 2003: 43).[4] Zur
Untersuchung der politischen Informationsleistung von elektronischen Massenmedien dient die Analyse der Nutzung von medialen Angeboten, ihrer
Wirkung sowie deren Inhalte und Präsentationsformen (Marcinkowski 1998:
170ff; Jarren/Donges/Weßler 1996: 15). Während bei Nutzung und Wirkung
die Zuschauerinnen und Zuschauer im Mittelpunkt stehen, konzentriert sich die

---

[4] Einer der Gründe für das gestiegene Forschungsinteresse war der Sendestart des
privaten Rundfunks in der Bundesrepublik Mitte der 80er Jahre. Bereits in der Startphase der privaten Sender wurde die „Marginalisierung politischer Inhalte bis hin zur
weitgehenden Entpolitisierung der Programme" (Marcinkowski 1998: 169f) befürch-
tet. Man erwartete die Verdrängung von harten Nachrichten durch so genannte „Soft-
news" und „Infotainment", wodurch dem Publikum die Vermeidung der „Berührung
mit medialer Politikvermittlung" (ebd.) ermöglicht würde.

empirische Forschung über Inhalte und Präsentationsformen auf die Medienangebote selbst. Methodisch stützt sie sich dabei auf Programmstruktur- und Inhaltsanalysen, die untersuchen, wie groß der Anteil politischer Informationen am Gesamtprogramm ist, welchen Stellenwert sie haben und wie diese präsentiert werden. Verglichen werden die Angebote von privaten und öffentlich-rechtlichen Sendern zu einem bestimmten Messzeitpunkt oder über einen längeren Zeitraum hinweg als Längsschnittanalyse. Bereits früh konzentrierte sich die Forschung auf das Fernsehen, was sich einerseits mit der unbestreitbaren Etablierung des Mediums als „Leitmedium" (Jarren 1998: 84; Sarcinelli 1994: 41; Seeger 1997: 125) erklären lässt und andererseits aus der Vielfältigkeit der bundesrepublikanischen Hörfunklandschaft und der unüberschaubaren Zahl an privaten und öffentlich-rechtlichen Sendern resultiert (Marcinkowski 1998: 172; Hesse 1994: 149).[5]

Die wichtigsten Schlagworte der Forschungsliteratur in der Diskussion um die Informationsleistung des Rundfunks lauten „Ausdünnung der politischen Information", „Boulevardisierung" und „Personalisierung" von Politik, „Sensationalismus in der Informationsberichterstattung", „Infotainment statt seriöser Berichterstattung", „politischer Symbolismus statt politischer Fakten" etc. (Bruns/Marcinkowski 1997: 15; Wegener 2001: 12). Darin äußert sich die Befürchtung, dass der Rundfunk seiner Funktion der „politischen Aufklärung – verstanden als Verbindung von Information, Kommentierung und Diskussion zum Zwecke öffentlicher und damit mitteilbar und überprüfbar gemachter Meinungsbildung" (Wegener 2001: 13) nicht mehr gerecht wird und so „durch Medienkommunikation verursachte Unterschiede des politischen Wissens und auch der politischen Motivation ein mehr oder weniger demokratiegerechtes wie auch den persönlichen Interessen adäquates Entscheidungsverhalten" (Saxer 1988: 281) gefährden.

Aufgrund der eingangs beschriebenen Situation – hohe Nutzungszeiten bei gleichzeitig schlechtem Leumund des Mediums – ist die Vernachlässigung des Hörfunks in der Forschung umso erstaunlicher. Die bereits erwähnte Heterogenität auf dem Hörfunkmarkt macht es jedoch nahezu unmöglich, alle Sender im Rahmen einer Studie zu berücksichtigen und so zu allgemeingültigen Aussagen zu kommen (Marcinkowski 1998: 172f; Blödorn/Gerhards/Klinger 1999: 89).[6] Gleichzeitig ist es bisher nicht gelungen, einen einheitlichen Begriffsrahmen zu etablieren. Dementsprechend lassen sich in der Forschungsliteratur vor allem Untersuchungen aus einzelnen Regionen oder Bundesländern finden, die die einzelnen öffentlich-rechtlichen Sender mit ihrer privaten Konkurrenz vergleichen und zu sehr unterschiedlichen und teilweise widersprüchlichen Ergebnissen kommen (Hesse 1994: 154; Marcinkowski 1998: 172f). Frank Marcinkowski konstatiert in einem Überblick des Forschungsstandes, dass sich bei den öffentlich-rechtlichen Sendern weder der Wortanteil am Programm noch

---

[5]   Vgl. zum Begriff des „Leitmediums" ausführlich Wilke 1999b.

[6]   Mittlerweile gibt es 268 private und 67 öffentlich-rechtliche Radiosender (Raabe/Jakobs 2005: 17).

die politischen Informationen verringert haben (Marcinkowski 1998: 173). Privatradios dagegen weisen nach Marcinkowski generell einen geringeren Wortanteil auf und widmen Serviceinformationen sowie so genannten vermischten Themen mehr Programmzeit (ebd.). Politische Themen tauchen außerhalb der Nachrichten kaum auf (ebd.). Die Autoren einer Programmstrukturanalyse der öffentlich-rechtlichen und privaten Radiosender in Norddeutschland dagegen sehen nur noch marginale Unterschiede in der Berichterstattung (Merten/Gansen/Götz 1995: 75).

Bei einer Durchsicht der Forschungsliteratur fällt – neben dem Fehlen von Untersuchungen aus den letzten Jahren – auf, dass kaum Studien über die Informationsvermittlung durch den Hörfunk aus Nordrhein-Westfalen, dem bevölkerungsreichsten Bundesland Deutschlands, vorliegen. NRW ist nicht nur die Heimat des Westdeutschen Rundfunks, der als führende und renommierteste Anstalt innerhalb der ARD gilt, sondern zeichnet sich außerdem dadurch aus, dass das Verbreitungsgebiet eines privaten Lokalsenders nur das eines Kreises oder einer kreisfreien Stadt umfassen darf (LRG NW §31). Daneben sieht das Gesetz eine strikte Trennung zwischen Programmgestaltung und wirtschaftlichem Betrieb vor. Ziel dieses sog. „Zwei-Säulen-Modells" ist es, die Lokalradios dazu zu befähigen, „aktiver Faktor im Prozess der kommunalen Meinungsbildung zu sein" (Weiß/Rudolph/Classen 1993: 96).[7] Der Gesetzgeber wollte eine programmatische Vielfalt auch im Privatradio ermöglichen, die Dominanz der Gewinnmaximierung über die Programmgestaltung verhindern und den privaten Hörfunk gesellschaftlich kontrollieren.

Um wissenschaftlich valide Aussagen über die Informationsleistung des nordrhein-westfälischen Hörfunks machen zu können, soll in der vorliegenden Arbeit die Nachrichtenberichterstattung von öffentlich-rechtlichen und privaten Sendern verglichen werden. Da es trotz der relativ homogenen Hörfunklandschaft Nordrhein-Westfalens nicht möglich ist, im Rahmen einer Diplomarbeit alle Sender einzubeziehen, beschränkt sich diese Untersuchung auf die Sender WDR 2 und Radio NRW. Letzterer ist kein Radiosender im eigentlichen Sinne, sondern ein so genannter Rahmenprogrammanbieter, der neben unterschiedlichen Sendungen auch die stündlichen, überregionalen Nachrichten für 45 der 46 privaten Lokalsender produziert.[8] WDR 2 eignet sich für den Vergleich mit dem Rahmenprogrammanbieter Radio NRW, da beide ein massenattraktives Programm für eine breite Zielgruppe anbieten. Zwar sind andere Wellen des Westdeutschen Rundfunks reichweitenstärker, jedoch handelt es sich dabei um zielgruppenspezifische Sender. Außerdem definiert sich WDR 2 selbst als „Informationsleitwelle" (WDR 2005a) des WDR. Die Arbeit untersucht die stündlichen Nachrichten, da diese für die politische Information der Zuhörer innerhalb des Programms von besonderer Bedeutung sind (Schönbach/Goertz

---

[7]   Vgl. zum Zwei-Säulen-Modell und seiner Entwicklung auch Donges/Steinwärder 1998 sowie Stuiber 1998.

[8]   Trotz dieser Tatsache wird in der Arbeit der Einfachheit halber auch in Bezug auf Radio NRW der Begriff Sender verwendet.

1995: 9; Ecke/Stuiber 1995: 164; Buchholz 1996: 12; Scherer 1997: 117; Blumers 1998: 91; Simon 1998: 191). Der zweite Grund ist ein forschungspraktischer: Weder eine breit angelegt Strukturanalyse des Programms noch eine Inhaltsanalyse aller Wortbeiträge ließe sich aufgrund des Arbeitsaufwands und der zeitlichen Beschränkungen einer Diplomarbeit realisieren.

Grundlage bilden insgesamt 66 Nachrichtensendungen, also jeweils 33 Ausgaben der Nachrichten von WDR 2 und Radio NRW. Diese Sendungen wurden innerhalb von zwei Erhebungswellen im Mai (17.-27.05.2005) und Juli (18.-29.07.2005) jeweils um 08:00 und 18:00 Uhr aufgezeichnet. Methodisch stützt sich die Arbeit auf eine quantitative Inhaltsanalyse der Sendungen sowie der einzelnen Meldungen. Darüber hinaus erfolgt eine qualitative Beschreibung des Aufbaus und der Gestaltung der Nachrichten der beiden Sender. Aufgrund der widersprüchlichen Aussagen bisheriger Studien bezüglich der Informationsleistung öffentlich-rechtlicher und privater Sender sowie des Fehlens von Arbeiten über den nordrhein-westfälischen Hörfunk soll in dieser Arbeit der Frage nachgegangen werden, welche Unterschiede in Bezug auf die Informationsvermittlung in den Hörfunknachrichten zwischen Radio NRW und WDR 2 bestehen. Im Fokus der Untersuchung steht dabei die politische Berichterstattung. Dazu werden, ausgehend von den bereits angedeuteten Entwicklungen des Mediensystems, bisheriger Forschungsergebnisse und persönlichen Eindrücken als langjähriger Nutzer der beiden Sender vier Hypothesen formuliert, die dann anhand der quantitativen Analyse überprüft werden.

Die erste Hypothese bezieht sich direkt auf die politischen Inhalte in den Nachrichten und besagt, dass diese in der Berichterstattung des privaten Rahmenprogrammanbieters im Vergleich zu WDR 2 einen deutlich geringeren Stellenwert haben. Damit einhergehend – so die zweite Hypothese – spielen so genannte Human Interest- oder Boulevard-Themen eine erkennbar größere Rolle in den Nachrichten. In der Forschungsliteratur wird im Zuge der Auseinandersetzung mit den Auswirkungen des medialen Wandels das Phänomen der Personalisierung vor allem der politischen Rundfunkberichterstattung diskutiert. Darunter wird die Konzentration auf eine oder mehrere Personen verstanden, die über das notwendige Maß zur Komplexitätsreduktion und (politischen) Verantwortungszumessung (Sarcinelli 1994: 43) hinaus geht und so (politische) Sachverhalte und Zusammenhänge über Gebühr vereinfacht bzw. in den Hintergrund drängt. Zur Überprüfung dieses Phänomens in der Nachrichtenberichterstattung dient die dritte Hypothese, die besagt, dass die Nachrichten von Radio NRW ein stärkeres Maß an Personalisierung aufweisen, als diejenigen der öffentlich-rechtlichen Konkurrenz. Im Fokus des Interesses liegt dabei die Information über das politische Geschehen. Die letzte der vier Hypothesen ist zweigeteilt und konzentriert sich auf die thematische Vielfalt sowie die Tiefe der Berichterstattung. Sie besagt, dass zwar hinsichtlich der Vielfalt der Nachrichtenberichterstattung keine gravierenden Unterschiede zwischen der zweiten Welle des WDR und dem Rahmenprogrammanbieter Radio NRW bestehen, die Hörfunknachrichten von WDR 2 ihre Zuhörer jedoch tiefgehender und hintergründiger informieren. Zur Überprüfung der

Hypothesen wird ein detailliertes Kategorienschema entwickelt. Anhand des daraus generierten Codebuchs erfolgt dann die Analyse der Hörfunknachrichten.

Den Anfang der Arbeit bildet ein Kapitel zur massenmedialen Politikvermittlung. Nach einer der Definition des Begriffs der Politikvermittlung sowie der Darlegung seiner Bedeutung für demokratische Gesellschaften wird beschrieben, welche Rolle Massenmedien im Rahmen der Politikvermittlung spielen. Daran schließt sich eine ausführliche Darstellung des bereits kurz angerissenen Wandels des Mediensystems an. Den Abschluss bildet ein erstes Zwischenfazit. Kapitel zwei widmet sich dann dem Hörfunk. Vor der Schilderung des Forschungsstandes werden sowohl die Entwicklung des Hörfunks sowie die rechtlichen Rahmenbedingungen in der angemessenen Kürze dargelegt. Mit dem dritten Kapitel beginnt dann die eigentliche Analyse der Hörfunknachrichten. Am Anfang stehen Anmerkungen sowohl zur Methode der quantitativen Inhaltsanalyse als auch zum Untersuchungsmaterial, dem folgt die ausführliche Entwicklung der bereits formulierten Hypothesen. Diese werden dann in Kapitel vier auf Basis des empirischen Materials überprüft. Den Abschluss bildet eine zusammenfassende Darstellung und Auswertung der Analyse.

1. Massenmediale Politikvermittlung

Das erste Kapitel der Arbeit widmet sich dem Begriff der Politikvermittlung[9]. Nach der Definition des Begriffs und der Darstellung seiner Bedeutung für demokratische Gesellschaften beschäftigt sich der zweite Teil mit der Rolle von Massenmedien bei der Politikvermittlung. Kapitel 1.3 schließlich beschreibt den Wandel des Mediensystems.

1.1 Bedeutung von Politikvermittlung für demokratische Gesellschaften

In demokratischen Systemen sind Verfahren und Institutionen notwendig, „durch die Politik zwischen den Herrschenden und Beherrschten, zwischen den politischen Führungseliten und den Bürgern, vermittelt wird" (Sarcinelli 1987: 19), da die Gesellschaft u.a. durch solche Vermittlungsprozesse konstituiert wird (Bruns/Marcinkowski 1997: 24).[10] Die Notwendigkeit von Vermittlung lässt sich sowohl normativ, als auch empirisch-analytisch begründen. Die normative Begründung erfolgt aus der Verfassung eines Staates als Demokratie: Wenn gesellschaftliche Verhältnisse durch Entscheidungen geregelt werden, können sie durch solche auch wieder verändert werden, falls dies politisch durchsetzbar ist. Dementsprechend ist auch nicht endgültig festgelegt, welche Lebensbereiche durch politische Entscheidungen geregelt werden, und welche nicht. Die Beteiligung der Bürgerinnen und Bürger an diesen beiden Prozessen, also der Veränderung politischer Entscheidungen und der Politisierung neuer Sachverhalte, ist unverzichtbarer Bestandteil demokratischer Systeme. Voraussetzung dieser drei Bedingungen ist die Erkennbarkeit der Gesellschaft als politisch gestaltetes Gemeinwesen für jeden Einzelnen.

Daneben resultiert die Notwendigkeit von Vermittlung aus „Interesse des Staates an sich selbst" (Marcinkowski 1998: 166). Zur Vermeidung von Delegitimierung und Überforderung muss das politische System die Absichten und Motive des eigenen Handelns erklären. Ansonsten steht zu befürchten, dass die Menschen „den Staat oder die Politik relativ unterschiedslos für alles und jedes verantwortlich machen" (ebd.), selbst wenn die Verantwortlichkeit dafür in anderen Funktionsbereichen der Gesellschaft liegt und das politische System gar keine Möglichkeit zur Einflussnahme hat.[11]

Die Vermittlung zwischen Staat und Gesellschaft kann in zwei gegenläufige Prozesse unterteilt werden, die sich mit den Begriffen „Herstellung" und „Darstellung" beschreiben lassen. Der Herstellung dienen alle Instrumente, die

---

[9]   Selbstverständlich kann die Definition und Herleitung des Begriffs der Politikvermittlung hier nur verkürzt erfolgen. Für eine ausführliche Darstellung vgl. Sarcinelli 1987b und 1998.

[10]   Unter dem Begriff „Politik" wird hier die Produktion und Durchsetzung allgemeinverbindlicher Entscheidungen über die Gestaltung der Gesellschaft verstanden (Marcinkowski 1998: 165).

[11]   Vgl. ausführlich dazu Marcinkowski 1998: 166; Sarcinelli 1998b: 11.

© Springer Fachmedien Wiesbaden GmbH, ein Teil von Springer Nature 2007
A. Primavesi, *Hörfunknachrichten im Wandel*, Edition KWV,
https://doi.org/10.1007/978-3-658-24700-3_2

Interessen, Wünsche und Bedürfnisse aus der Gesellschaft in das politische System transferieren. Die Darstellung zielt darauf, den „Transferprozess selbst, das Funktionieren der daran beteiligten Institutionen und seine Ergebnisse, eben Politik in Form bindender Entscheidungen, möglichst authentisch an den Bürger" (Marcinkowski 1996: 202) zurückzuvermitteln. Für diese Vermittlung aus dem politischen System zurück in die Gesellschaft hat Ulrich Sarcinelli den Begriff der Politikvermittlung geprägt (Sarcinelli 1987b). Davon ausgehend, dass der Vermittlungsprozess zwischen den Bürgerinnen und Bürgern zwar nicht ausschließlich, aber doch in hohem Maße eliteseitig dominiert ist, konzentriert sich die Politikvermittlung auf die Frage, „wie von Seiten des politischen Systems, von Seiten politischer Akteure, [...] Politik vermittelt wird" (Sarcinelli 1997: 20f). Jedoch gibt Sarcinelli – trotz dieser Konzentration auf die Akteursseite – zu bedenken, dass die Vermittlung der politischen Akteure nicht losgelöst von der politischen Kommunikationskultur insgesamt betrachtet werden kann (ebd.: 21). Diese ist dadurch gekennzeichnet, dass die Akteure des politischen Systems zur Erreichung eines Großteils der Gesellschaft auf die „Agenturen und Werkzeuge der Massenkommunikation" (ebd.: 21) angewiesen sind und folglich auch deren Regeln unterliegen. Die Spannweite der systematischen Einordnung der Politikvermittlung reicht

> „vom technisch perfektionierten Kommunikationsmanagement, von der politischen ‚Dramaturgie und Inszenierungskunst' bis zur sachbezogenen Information und Aufklärung, vom politischen ‚Showgeschäft' bis zur informationsgesättigten politischen Bewusstseinsbildung" (ebd.: 22).

Außerdem ist zu berücksichtigen, dass in einem freiheitlichen System keine Kriterien existieren, nach denen die demokratische Qualität der Politikvermittlung bewertet werden kann. Vielmehr steht die Politikvermittlung unter dem Verdacht, einen spezifischen Bias aufzuweisen, da sie sowohl an die Möglichkeiten und Grenzen von Kommunikation gebunden ist, als auch in der Regel von Institutionen organisiert wird (Bruns/Marcinkowski 1997: 26).

Daher ist es für Sarcinelli umso wichtiger, einen Bezugsrahmen aufzustellen, der

> „einerseits von einer realistischen Einschätzung der tatsächlichen Politikvermittlungsbedingungen ausgeht, andererseits aber auch verfassungs- und demokratietheoretische ‚Eckwerte' für eine demokratische Politikvermittlung definiert" (ebd.: 22).

Zu diesem Zweck entwickelt er vier Kriterien, denen die Politikvermittlung gerecht werden muss, um als demokratisch bezeichnet werden zu können:

1. Zugangspluralität und -offenheit der Politikvermittlung;

2. richtungspolitische Pluralität;

3. Pluralität von Komplexitätsgraden;

4. Offenheit für Informationsaustausch und Interessenvermittlung vom Bürger zu politischen Führung (ebd.: 23).

Für Sarcinelli ist die Politikvermittlung insgesamt ein „kommunikatives Kunstprodukt zur Erzeugung von Loyalitätsbereitschaft oder besser von politischem Vertrauen" (Sarcinelli 1987b: 26f), die sich vor allem instrumentell definiert und eine permanente Aufgabe des politischen Systems darstellt. Der Politikwissenschaftler unterscheidet zwischen vier sich gegenseitig ergänzende Funktionen der Politikvermittlung:

1. Information über politische Inhalte und Richtungsaussagen, in deren Mittelpunkt die mediale Weitergabe steht;

2. Appellation und Persuasion durch auf spezifische Weise reduzierte und symbolisch verdichtete Informationen;

3. 3. Partizipation, indem den Bürgern in unterschiedlichster Form die Möglichkeit zur unmittelbaren oder mittelbaren Teilhabe gegeben wird;

4. politisch-pädagogische Ausrichtung der Politikvermittlung (Sarcinelli 1987b: 26).

Analog zu diesen Funktionen werden die zentralen Ausprägungen der Politikvermittlung, die der „Herstellung von Öffentlichkeit"[12] (Sarcinelli 1987b: 24) dienen, beschrieben.

Die Politikvermittlung durch Information erfolgt nach Ansicht von Sarcinelli von Seiten der politischen Akteure primär über Öffentlichkeitsarbeit, die nicht nur über getroffene Entscheidungen informiert, sondern versucht, Themen zu bestimmen, politische Identität zu schaffen und Sachkompetenz darzustellen. Da die Bürgerinnen und Bürger nur begrenzt direkt erreicht werden können, erfolgt die politische Kommunikation überwiegend über Massenmedien. Im Verhältnis von Politik und Publizistik liegen dementsprechend die zentralen Probleme bezüglich der Gewährleistung eines ausgewogenen Informationsangebots (Sarcinelli 1987b: 30f).

Appellative Politikvermittlung ist auf Suggestion, Faszination und Emotionalisierung ausgerichtet und dient vor allem der Mobilisierung. Das wird dadurch erreicht, dass komplexe politische Zusammenhänge „in eine bürgernahe Sprache gebracht, strukturiert, vereinfacht, gebündelt und in Worte und Bilder übersetzt" (Sarcinelli 1987b: 33) werden. Mittlerweile geschieht dies nicht nur in Wahlkämpfen, sondern ist zu einer „permanenten Vermittlungsaufgabe" (ebd.: 33) geworden. Gefährlich wird diese Reduktion dann, wenn die politische Werbung zur rein symbolischen Politik degeneriert. Die Übergänge zwischen informatorischer und appellativer Politikvermittlung sind fließend, jedoch ist letztere dadurch gekennzeichnet, dass sie „ein Kontaktmittel ist, [...] das den Bürger auf Distanz hält" (ebd.: 1987b: 36).

---

[12] Ulrich Sarcinelli geht davon aus, dass Öffentlichkeit in spätindustriellen Gesellschaften nicht mehr per se gegeben ist, sondern hergestellt wird und folgt damit den Aussagen der Studie zum Strukturwandel der Öffentlichkeit von Jürgen Habermas (Sarcinelli 1987: 24).

Die dritte Leistung der Politikvermittlung, die Partizipation, ist „primär nach innen, auf Untergliederungen oder Mitgliedschaften von Verbänden, Gewerkschaften, Parteien etc. gerichtet" (Sarcinelli 1987b: 36) und trägt der Tatsache Rechnung, dass die Bundesrepublik sich durch ein hohes Maß an innerorganisatorischer Ausdifferenzierung der politisch relevanten Subsysteme auszeichnet (ebd.: 36). Für Sarcinelli stellt sich in diesem Zusammenhang die Frage, ob die massive Zunahme von informationellen Angeboten an die Untergliederungen durch die Bundesorganisationen sowie eine Professionalisierung der internen Informations- und Kommunikationsprozesse innerorganisatorisch eine demokratisierende Wirkung haben, oder nicht.[13]

Die Politikvermittlung durch politische Bildung wird nach Ansicht von Sarcinelli „in geradezu idealer Weise den definierten Kriterien gerecht" (ebd.: 39f), wobei nicht vergessen werden darf, dass diese Form der Vermittlung nur einen kleinen Ausschnitt der politischen Erfahrungswelt darstellt. Außerdem weist Sarcinelli auf drei zentrale Probleme der schulischen Politikvermittlung hin: die normative Selbstüberfrachtung der politischen Bildung, die Gleichsetzung von politischem Lernen und Verhalten und den hohen politisch-instrumentellen Gebrauchswert.[14] Er kommt zu dem Schluss, dass „der Einfluss latenter Sozialisationsprozesse [...] bedeutsamer ist als die unterrichtlich organisierte Vermittlung von Zielen und Inhalten der Politik" (ebd. 42f).

In dem 1998 erschienen Aufsatz „Politikvermittlung und Demokratie" warnt Ulrich Sarcinelli vor einer Konzentration der Diskussion auf die mediale Politikvermittlung, die zwar aus demokratietheoretischer Perspektive und den Ergebnissen empirischer Analysen konsequent erscheint, allerdings die Gefahr von Fehleinschätzungen in sich birgt (Sarcinelli 1998b: 13). Denn die mediale „Darstellungspolitik" deckt nur einen spezifischen Ausschnitt der komplexen politischen Wirklichkeit ab. Dabei droht die Vernachlässigung der Tatsache, dass es „auch eine bisweilen sehr wirkungsreiche Politikvermittlung in eher medienfernen, wenig spektakulären, verhandlungsdemokratischen Strukturen, Gremien und Prozessen gibt" (ebd.: 30). Ein weiter gefasster Begriff von Politikvermittlung umfasst auch die Durchsetzung nach innen. Denn in Demokratien geht es nicht singulär um die öffentlichkeitswirksame Kommunikation; es müssen Entscheidungen getroffen und Probleme gelöst werden. Auch darin ist die Legitimität des Systems begründet (ebd.: 30f).

In diesem Zusammenhang taucht die Trennung zwischen medialer Darstellung und politischem Handeln auf. Diese wird von Sarcinelli einerseits damit begründet, dass sich dabei um „zwei in spezifischer Weise aufeinander bezogene, gleichwohl unterschiedlichen Funktionsimperativen folgende Teilsysteme des politischen ‚Produktionsprozesses'" (Sarcinelli 1994: 36) handelt. Andererseits wird Massenmedien in demokratischen Systemen auch verfassungsrechtlich bezüglich der Legitimation eine besondere Bedeutung zugestan-

---

den. Dieser Trennung wird von Otfried Jarren, Patrick Donges und Hartmut Weßler in der Einleitung des Sammelbandes „Medien und politischer Prozess" jedoch empirisch wenig Relevanz zugesprochen (Jarren/Donges/Weßler 1996: 9). Sie begründen ihre Ablehnung damit, dass Dar- und Herstellung von Politik sowohl für die Akteure als auch das Publikum „faktisch eine soziale Einheit" (ebd.: 9) bilden. Außerdem variiert ihrer Ansicht nach das Verhältnis von Politikherstellung und -darstellung in den verschiedenen Stufen des politischen Prozesses. Die drei Autoren plädieren für eine Differenzierung nach Politikbereichen und Politikprozesselementen (Jarren/Donges/Weßler 1996: 11). Welche Konsequenzen sich aus den verschiedenen Sichtweisen u.a. für die Annahmen über Verhältnis von Medien und Politik ergeben, wird im dritten Abschnitt dieses Kapitels thematisiert.

1.2 Bedeutung und Rolle der Massenmedien im Prozess der Politikvermittlung

Da die Qualität einer Demokratie im Wesentlichen davon abhängt, wie der Prozess der Meinungsbildung verläuft und sich die Massenmedien zum zentralen Faktor der öffentlichen Meinungsbildung in modernen Gesellschaften entwickelt haben, werden ihnen bestimmte Funktionen im demokratischen System zugeordnet (Rudzio 2000: 483ff; Bergsdorf 1980: 75f; Sarcinelli 1994: 36).[15] Dazu gehört die Bildungs-, die Informations-, die Artikulations- sowie die Kritik- und Kontrollfunktion (Bergsdorf 1980; Wegener 2001: 12f).

Bei der ersten Funktion wird Bildung verstanden als „Fähigkeit, aktuelle Detailinformationen aufzunehmen und entsprechend der sozialen Situation in Zusammenhänge einzuordnen" (Bergsdorf 1980: 77). Ihre politische Bedeutung besteht darin, den Informationsstand der Gesellschaft insgesamt zu erhöhen. Daher sollen die „Aussagenangebote" (ebd.: 78) sprachlich und inhaltlich für alle Gesellschaftsschichten verständlich sein, um möglichst jeden zu erreichen und eine Teilnahme an politischen Entscheidungsprozessen zu ermöglichen.

Die Informationsfunktion ergibt sich aus der Notwendigkeit der Vermittlung von „Nachrichten über alles, was mit politischer Relevanz irgendwo geschieht, was von wem geäußert, geplant und gedacht wird" (ebd.: 79). Über diese Relevanz entscheiden eine Vielzahl von Personen und Institutionen nach unterschiedlichen und durchaus auch kontroversen Kriterien. Die normativen Anforderungen nach Vollständigkeit, Objektivität und Verständlichkeit können höchstens an die Gesamtheit der Massenmedien gestellt werden, nicht jedoch an einzelne Medien; diese Generalisierung ist akzeptabel, da die Rezipienten nicht nur ein Medium nutzen (ebd.: 80).

Die dritte Funktion, die der Artikulation, bezieht sich genauso „auf die Gesamtheit der Massenkommunikationsmittel" (ebd.: 86). Dieser können die

---

[15] Einen Überblick über Mediensysteme, ihre Geschichte, Funktion und Strukturmerkmale sowie aktuelle Entwicklungen gibt Schneider 1998.

Massenmedien nur gerecht werden, wenn sich in den „Kommunikator-Zentren" (ebd.: 86) der Pluralismus der Gesellschaft – vor allem bezüglich der politischen Haltungen – widerspiegelt. Nur so ist gewährleistet, dass auch gegensätzliche Interessen sowie die von Minderheiten artikuliert werden.

Die Kritik- und Kontrollfunktion zeichnet sich dadurch aus, dass die Gegenstände der Kontrolle einerseits nicht eingeschränkt sind, andererseits die Massenmedien aber keine Möglichkeiten der direkten Sanktion besitzen. Voraussetzung von Kritik und Kontrolle ist die Neutralität der Medien „im Sinne prinzipieller Offenheit im Zugang der rivalisierenden Gruppen" (ebd.: 89). Diese letzte Funktion wird durchaus kontrovers diskutiert. Dabei wird vor allem auf die fehlende demokratische Legitimation der medialen Akteure hingewiesen (Rudzio 2000: 500).

Insgesamt darf bei der Funktionszuschreibung allerdings nicht unberücksichtigt bleiben, dass die „Medienrealität [...] weder gesellschaftliche Interessen noch staatliche Politik in Form einer ‚Punkt zu Punkt – Entsprechung'" (Bruns/Marcinkowski 1997: 23) widerspiegelt. Denn jede mediale Beobachtung durchläuft einen „spezifischen Selektionsprozess" (ebd.: 23), bevor sie die Rezipienten erreicht.[16] Massenmedien konstruieren also eine Realität, sie werden, wie es das Bundesverfassungsgericht formulierte, als „Medium und Faktor" tätig (Hüning/Otto 2002: 163).[17]

Einer der Gründe für die besondere Bedeutung der Massenmedien – und dabei vor allem der elektronischen – im Prozess der Politikvermittlung (als Teil der Interessenvermittlung) ist, dass sie

> „am konsequentesten auf dasjenige Vermittlungsprinzip setzen, das komplexen Gesellschaften unter funktionalen Gesichtspunkten am ehesten angemessen ist, nämlich kommunikative Erreichbarkeit" (Marcinkowski 1996: 203).

Daraus resultiert u.a. die hohe zeitliche und soziale Reichweite der Medien, was sie zur „Politikvermittlungsinstanz par excellence" (Sarcinelli 1994: 36) macht.[18]

Diesem Anspruch kann sie allerdings nur gerecht werden, wenn bestimmte Bedingungen erfüllt sind. Dazu gehören ein namhafter Stellenwert politischer Information im Programm elektronischer Medien; eine Qualität der Information und ihrer Vermittlung, die die komplexe Realität verständlicher und durchschaubarer macht und die ausgewogene und gleichberechtigte Darstellung politischer Meinungen und Interessen. Unerlässlich ist auch ein Interesse der Bevölkerung an derartigen Angeboten sowie deren Nutzung (Marcinkowski 1998: 168). Selbstverständlich kann die Erfüllung dieser Anforderungen nicht an jedes einzelne Medium – also zum Beispiel einzelne Hörfunk- und

---

[16]   Vgl. dazu auch Rudzio 2000: 500ff; Wegener 2001: 118.

[17]   Einen kompakten Überblick der wissenschaftlichen Diskussion über das Verhältnis von Massenmedien und Realität gibt Schulz 1989.

[18]   Vgl. zur Bedeutung der Medien für die Politikvermittlung auch Kaase 1998: 33f; Pfetsch 1998: 240.

Fernsehsender – gestellt werden, sondern muss sich immer auf das Mediensystem als Ganzes beziehen.

Die mediale Berichterstattung über Politik dient der Bevölkerung zur Information. Das politischen System nutzt sie zur Präsentation und Durchsetzung von Interessen, Themen und Entscheidungen; gleichzeitig dient es als "Frühwarnsystem für gesellschaftliche Entwicklungen" (Bruns/Marcinkowski 1997: 22) und liefert „Hinweise auf die Konsenschancen von Themen, Personen und Entscheidungen" (ebd.).[19] Hier zeigt sich die „Doppelrolle" der Medien im intermediären System. Denn im Gegensatz zu allen anderen sind sie „politischer Akteur und gleichzeitig [...] Medium für die anderen politischen Organisationen, das zwischen diesen und der Öffentlichkeit bzw. den politischen Entscheidungsträgern vermittelt" (Koch-Baumgarten 2003: 46).[20]

Neben diesen grundsätzlichen Überlegungen über Bedeutung und Rolle der Medien im Rahmen der Politikvermittlung ist eine Differenzierung an dieser Stelle sinnvoll. Bereits am Ende von Kapitel 1.1 wurde erwähnt, dass Ulrich Sarcinelli in dem 1994 erschienenen Aufsatz „Mediale Politikdarstellung und politisches Handeln" (Sarcinelli 1994) aus analytischen und demokratietheoretischen Gründen dafür plädiert, zwischen Politikdarstellung und Politikherstellung zu trennen. Anhand von fünf Dimensionen[21] erläutert er die Strukturbedingungen und Charakteristika von „Entscheidungspolitik" und „Darstellungspolitik" (Sarcinelli 1994: 41ff) und kommt zu dem Schluss, dass es deutliche Unterschiede zwischen den beiden „Realitätsebenen" (Sarcinelli 1994: 41) gibt, da beide Teilsysteme unterschiedlichen Funktionsimperativen folgen. Die Vorstellung, dass sich die aus den Differenzen resultierende Kluft in demokratischen Gesellschaften überwinden ließe, hält Sarcinelli für unrealistisch und aus normativer Sicht auch nicht wünschenswert. Vielmehr gilt es, durch geeignete Strategien und Maßnahmen zu verhindern, dass politische Öffentlichkeit[22] zum „Destruktivum" (Sarcinelli 1994: 47) für den politischen Prozess wird.

Da es Sarcinelli um eine Übersicht über die Struktur von Politikherstellung und -darstellung geht, differenziert er bewusst nicht zwischen einzelnen Politikfeldern, bestimmten Medien oder Darstellungsformen. Genau an dieser Stelle setzt die Kritik von Otfried Jarren, Patrick Donges und Hartmut Weßler an (Jarren/Donges/Weßler 1996). Denn ihrer Ansicht nach stellen einerseits

---

[19]   Vgl. dazu auch Bonfadelli 2002: 113f; Bleicher 1998: 151f.

[20]   Vgl. dazu auch Marcinkowski 1996: 205.

[21]   Sarcinelli unterscheidet zwischen der Strukturdimension (spezifische Systemfaktoren, die die wesentlichen Rahmenbedingungen darstellen), der Akteursdimension (Rolle von institutionellen und personellen Faktoren auf Entscheidungs- und Darstellungsebene), der Kompetenzdimension (Bedeutung von Kompetenz und Professionalität in Politik und Medien), der Zeitdimension (Einfluss des Faktors Zeit im Entscheidungs- und Vermittlungsprozess) und der Relevanzdimension (zentrale Faktoren für Gewichtung bzw. Bedeutungseinschätzung) (Sarcinelli 1994: 41f).

[22]   Politische Öffentlichkeit verstanden als Gesamtprozess, in dem Politik her- und dargestellt wird, politische Entscheidungen durchgesetzt und begründet werden.

Herstellung und Darstellung sowohl für politische Akteure als auch für das Publikum eine „soziale Einheit" (ebd.: 9) dar. Andererseits beobachten Medien immer Herstellung und Darstellung von Politik. Jarren, Donges und Weßler halten eine Differenzierung nach Politikbereichen und Politikprozesselementen für angemessener. Denn die Medien spielen vor allem „bei Innovationen im Rahmen der prohibitiven und extensiven Entscheidungspolitik" (ebd.: 12) – also der Einschränkung bzw. Ausdehnung von bisherigen Rechten – eine wichtige Rolle, nicht aber bei der so genannten Routinepolitik, die außerhalb medialer Aufmerksamkeit stattfindet. Des Weiteren sind langwierige politische Aushandlungsprozesse – solange sie nicht durch drastische Konflikte zwischen den Verhandlungspartnern geprägt sind – für die medialen Berichterstatter weit weniger interessant als die Phase der Artikulation und Definition von Problemen (ebd.). Letztlich sind sich die Vertreter beider Positionen darin einig, dass sowohl das politische als auch das mediale System jeweils eigenständige Teilsysteme darstellen, die unterschiedlichen Funktionslogiken folgen. Der Unterschied liegt darin, dass Sarcinelli sozusagen aus der „Vogelperspektive" die Strukturen beider Systeme betrachtet, während Jarren/Donges/Weßler politische Prozesse und Akteure „am Boden" in den Mittelpunkt stellen.

Zum Abschluss dieses Kapitels soll noch auf eine besondere Form der Politikvermittlung eingegangen werden, die für demokratische Systeme eine „legitimatorische Schlüsselfunktion" (Sarcinelli/Schatz 2002b: 9) einnimmt und in denen Medien eine wichtige Rolle spielen: Wahlen bzw. den Wahlkampf. Begreift man letzteren als „Kommunikationsereignis" (Klingemann/Voltmer 1998: 396), so hat die Wahlkampfkommunikation u.a. die Funktion, politische Akteure mit ihren Positionen und Programmen der Wählerschaft zu präsentieren, die jeweilige Parteibasis sowie deren Anhänger, Wähler von anderen Parteien und natürlich die Wählerschaft insgesamt zu mobilisieren (ausführlich dazu Dörner/Vogt 2002: 16f).[23] Die Wahlkampfkommunikation zwischen Parteien und Wählerschaft findet zu wesentlichen Teilen vermittelt über die Medien statt. Klingemann und Voltmer argumentieren, dass erst die massenmediale Vermittlung die Wahlkampfkommunikation zu einer im umfassenden Sinne demokratischen Kommunikation macht, da „Wahlen nicht nur die Aggregation isolierter Entscheidungen individueller Bürger sind, sondern auch das Ergebnis eines öffentlichen und kollektiven Meinungsbildungsprozesses" (Klingemann/Voltmer 1998: 396)[24]. Sie gelten außerdem als Testphase für neue Formen der Politikvermittlung wie der politischen Kommunikation insgesamt (Sarcinelli/Schatz 2002b: 9).

---

[23]   Andreas Dörner und Ludgera Vogt schreiben Wahlen außerdem eine wichtige symbolische Funktion zu, da „keine politische Ordnung, wie sie von der institutionellen Gestaltung her auch immer konstruiert sein mag, [...] auf die Stabilisierung durch eine symbolische Ordnung mit Mythen und Ritualen verzichten" (Dörner/Vogt 2002: 18) kann, die jedoch an dieser Stelle keine weitere Beachtung finden kann. Vgl. ausführlich dazu „Der Wahlkampf als Ritual" (Dörner/Vogt 2002).

[24]   Vgl. ausführlich zur politischen Kommunikation als Wahlkampfkommunikation Klingemann/Voltmer 1998.

Insgesamt jedoch, so Ulrich Saxer, „lässt sich eine weitere Problematik im Lichte der bisherigen Forschung nicht übersehen: eine erhebliche Unsicherheit über den tatsächlichen Stellenwert politischer Kommunikation bei der Realisierung von Politik überhaupt" (Saxer 1998: 57).[25] Gleichzeitig gilt es als unumstritten, dass der politische Prozess und die Konstitution politischer Öffentlichkeit nicht mehr ohne die Massenmedien funktionieren (Ludes/Staab/Schütte 1997: 140).

1.3 Bedeutungszuwachs des Mediensystems und seine Folgen

Aus den bisherigen Ausführungen ist deutlich geworden, dass Massenmedien als zentraler Akteur des Mediensystems für die Gesamtgesellschaft vielfältige Vermittlungsaufgaben übernehmen. Aufgrund von unterschiedlichen, teilweise gravierenden Veränderungen in der Gesellschaft und im Mediensystem haben die Medien insgesamt und für die Politikvermittlung im Speziellen an Bedeutung gewonnen. Otfried Jarren geht sogar soweit zu behaupten, dass es „ohne publizistische Medien [...] keine Kommunikation zwischen gesellschaftlichen Organisationen wie zwischen Organisationen und dem allgemeinen Publikum [gibt]" und die „politische Öffentlichkeit in modernen Demokratien hinsichtlich ihrer Struktur, der Inhalte und der Prozesse weitgehend medial beeinflusst" ist (Jarren 1998: 74f). Diese Veränderungen und deren Konsequenzen werden im Folgenden – in der gebotenen Kürze und keinesfalls mit einem Anspruch auf Vollständigkeit – beschrieben.

Im Zuge einer Entwicklung, die Ulrich Saxer als „Gesellschaftsevolution" (Saxer 1998: 53) bezeichnet, hat die Komplexität westlicher, moderner Industriegesellschaften deutlich zugenommen. Unter anderem ist darunter zu verstehen, dass immer mehr gesellschaftliche Subsysteme – anders ausgedrückt: Handlungszusammenhänge um zusätzliche Dienstleistungen, Wissenschaften, Güter etc. (Saxer 1998: 53) – entstanden sind, die eigene Handlungslogiken herausgebildet haben. Neben dieser Ausdifferenzierung zählen dazu eine zunehmende „Individualisierung der Lebensstile" (Saxer 1998: 68), die Säkularisierung der Gesellschaft sowie eine Pluralisierung der Wertesysteme und eine verstärkte kognitive Mobilisierung (u.a. Hüning/Otto 2002: 156; Sarcinelli/Schatz 2002b: 12). Als Folge dieser Entwicklung entstehen nach Ansicht von Ulrich Saxer „immer mehr Teilöffentlichkeiten, zwischen denen gegenseitige Verständigung, die Etablierung eines gemeinsamen Diskurses oder gar einer *volonté générale* schwieriger wird" (Saxer 1998: 68).

Diese Entwicklung ist eine der Ursachen dafür, dass die Organisationen, die im intermediären System lange Zeit einen Großteil der politischen Vermittlungsarbeit geleistet haben – Parteien, Gewerkschaften, Kirchen, Verbände etc. –, stetig an Bindungskraft und damit zusammenhängend an Bedeutung verloren

---

[25] Vgl. dazu auch Marcinkowski 1998: 182.

haben (u.a. Jarren 1994b: 25ff; Altmeppen/Löffelholz 1998: 116f; Bruns/Marcinkowski 1997: 21; Koch-Baumgarten 2003: 51).[26]

Damit einhergehend schwinden zunehmend die „primärkommunikativen Erfahrungen" außerhalb von „Kleinst- und Restgruppen" (Westerbarkey 1998: 313f). Gleichzeitig steigt die Komplexität gesellschaftlicher und politischer Entscheidungsstrukturen und Prozesse, wodurch „politische Orientierung, Kontrolle und Partizipation immer schwieriger" (Westerbarkey 1998: 313f) werden.[27]

Zur Zähmung der Dynamik dieser Entwicklung gewinnt Kommunikation, verstanden als „Prozess der Zeichen- bzw. Bedeutungsvermittlung" (Saxer 1998: 53), für die Funktionsfähigkeit von westlichen Massengesellschaften immer mehr an Bedeutung. Denn nach Ansicht von Ulrich Saxer steigt der Bedarf an Information und Kommunikation nicht linear, sondern exponentiell zu den genannten Entwicklungen (ebd.). Da Massenmedien – wie bereits in Kapitel 1.2 erwähnt – auf konsequenteste Art und Weise auf das Vermittlungsprinzip der kommunikativen Erreichbarkeit setzen (Marcinkowski 1996: 203), kommt ihnen in der Kommunikation eine zentrale Rolle zu (Saxer 1998: 53; Jarren 1994: 74f; Koch-Baumgarten 2003: 43; Hüning/Otto 2002: 161). Dadurch also, dass „Medien in den Vermittlungsprozessen moderner Gesellschaften inzwischen eine Schlüsselrolle einnehmen", ist es gerechtfertigt, „von einer Mediengesellschaft" (Sarcinelli 1998b: 11) zu sprechen.

Darunter werden Gesellschaften verstanden,

> „in denen Medienkommunikation, also über technische Hilfsmittel realisierte Bedeutungsvermittlung, eine allgegenwärtige und alle Sphären des gesellschaftlichen Seins durchwirkende Prägekraft entfaltet, ein so genanntes soziales Totalphänomen geworden ist. Medienkommunikation tritt in diesen auf drei Ebenen auf: nämlich erstens gesamtgesellschaftlich, namentlich auf der Ebene der Institutionen (Makrolevel), zweitens auf der Ebene der Organisationen (Mesolevel) und drittens auf der Ebene der konkreten individuellen und kollektiven Vermittlungsprozesse (Mikrolevel). Sie ist zudem national- wie weltgesellschaftlich präsent und entwickelt überall dort ein überaus vielfältiges Leistungsvermögen" (Saxer 1998: 53).

Dementsprechend sind (elektronische) Massenmedien auch für die Politikvermittlung von deutlich zunehmender Bedeutung, da nicht nur die Kommunikationsprozesse zwischen Bürgern und gesellschaftlichen Organisationen sondern auch

---

[26]   Vgl. zu den Folgen der Individualisierung für Parteien ausführlich Oberreuter 2001.

[27]   Auch für das politische System haben sich die institutionellen Rahmenbedingungen für das Regieren maßgeblich verändert Politik stellt in modernen Massendemokratien "längst nicht mehr eine Art hierarchische Spitze der Gesellschaft oder ihr Steuerungszentrum dar. Im parteien-staatlich überlagerten Politikgeflecht des deutschen Bundesstaates ist der politische Souveränitätsverlust mit Händen zu greifen" (Sarcinelli 1999: 254). Eine zunehmende staatliche Binnenkomplexität sowie nationale und internationale Vernetzungen haben deutliche Spuren hinterlassen (dazu auch: Pfetsch 1998: 234f; Marcinkowski 1994: 53).

> „innerhalb von Organisationen (Organisationsführung und Mitglieder), sowie zwischen den Organisationen im Zusammenhang mit Willensbildungs- und Entscheidungsprozessen" (Jarren 1998: 86)

medial beeinflusst werden.[28] Vor allem bezüglich ihres Thematisierungsvermögens dürfen die Medien nicht unterschätzt werden. Was sie nicht aufgreifen, „bleibt dem allgemeinen politischen Bewusstsein weitgehend fremd" (Saxer 1998: 63).[29]

Gleichzeitig hat auch das Mediensystem in den letzten Jahrzehnten einen – bisher noch nicht abgeschlossenen – massiven Wandlungsprozess durchlaufen, der weitere Argumente für die These der „Mediengesellschaft" liefert. Die wichtigsten Veränderungen können unter den vier Stichworten „technischer Wandel", „Herausbildung neuer Medientypen", „Ökonomisierung" und „Wandel der Medienkultur" (Jarren 1998: 78ff) zusammengefasst werden. Dabei muss jedoch bedacht werden, dass die Zusammenfassung unter derartige Oberbegriffe immer eine Vereinfachung darstellt und außerdem alle Wandlungsprozesse eng miteinander verknüpft sind.

Unter „technischem Wandel" wird zum einen die erwartete Verschmelzung von Individual- und Massenkommunikation – v.a. durch digitale Übertragungstechniken im Rundfunk – verstanden (Jarren 1998: 81f). Zum anderen ermöglichen neue Technologien zur Bild-, Ton- und Datenübertragung eine enorme Beschleunigung des Kommunikationstempos (Pfetsch 1998: 243f). Dies hat zur Folge, dass die „Ware Neuigkeit" von einem raschen „Wertverlust" (Meyer 2002: 10) betroffen ist, da der Fluss an Nachrichten nicht mehr abbricht. Außerdem ermöglichen neue Distributionstechniken eine signifikante Erhöhung der Zahl an Programmen.

Dadurch wird gleichzeitig die „Herausbildung neuer Medientypen" gefördert. Otfried Jarren prognostizierte 1998 die Entwicklung von drei unterschiedlichen Typen: Programmmedien, die einem breit gefächerten Publikum ein vielfältiges, professionell und zentral produziertes Programm anbieten und darauf abzielen, das Publikum dauerhaft an sich zu binden; Sparten- oder Zielgruppenmedien, die sich mit ihren ebenfalls zentral und professionell produzierten Inhalten an ein kleineres, eindeutiger definiertes Publikum wenden und sich in der Programmgestaltung stärker an den Interessen der Zielgruppe orientieren; Informations- und Kommunikationsnetzwerke, in denen professionelle und unprofessionelle Anbieter und Angebote nebeneinander stehen und die sich durch ein großes Maß an Dezentralität und Interaktivität auszeichnen (Jarren 1998: 82ff). Nach sieben Jahren lässt sich sagen, dass Jarrens Voraussagen Realität geworden sind. Sowohl im Fernsehen als auch im Hörfunk gibt es neben den großen privaten und öffentlich-rechtlichen Sendern mittlerweile eine Vielzahl von Programm- und Spartensendern. Daneben hat sich das Internet als ein Informations- und Kommunikationsnetzwerk etabliert.

---

[28] Vgl. dazu auch Meyer 1997: 67; Pfetsch 1998: 233.

[29] Vgl. dazu auch Koch-Baumgarten 2003: 51.

18

Die gravierendste Veränderung verbirgt sich hinter dem Schlagwort der „Ökonomisierung". Darunter wird „die Ausweitung des ökonomischen Systems auf Felder verstanden [...], die vorher anderen Systemimperativen unterlagen" (Jarren 1998: 78). Diese Entwicklung begann in der Bundesrepublik mit der Einführung des privat-kommerziellen Rundfunks[30] Mitte der achtziger Jahre und führte – neben dem massiven Anstieg der Zahl an Hörfunk- und Fernsehsendern – zu einer Veränderung der Handlungsnormen im Mediensystem. Ökonomische Leitbilder gewannen an Bedeutung, während kulturell, politisch und publizistisch geprägte Vorstellungen in den Hintergrund traten (Jarren 1998: 79; Bruns/Marcinkowski 1997: 14). Private Rundfunkanbieter streben vor allem nach Gewinnmaximierung, wodurch die

> „Orientierung an Werbemarkt- und Publikumsinteressen [...] gegenüber kulturellen Faktoren und den Vermittlungsinteressen gesellschaftlicher Organisationen und politischer Akteure an Bedeutung [gewinnt]" (Jarren 1998: 80).

Von dieser Entwicklung blieben und bleiben auch die öffentlich-rechtlichen Sender nicht verschont, auch wenn sie durch die Finanzierung über Rundfunkgebühren nicht direkt dem „Quotendruck" unterliegen. Denn sie sind der widersprüchlichen Anforderung ausgesetzt, einerseits das Pluralitätsprinzip und die Integrationsaufgabe sowie andererseits den Wettbewerb um die Aufmerksamkeit des Publikums miteinander zu verbinden (Imhof/Schulz 1998b: 11). Thomas Meyer identifiziert drei verbundene Kanäle, über die sich der Druck mitteilt: „die öffentliche Diskussion über die Akzeptanz der Programme, die internen Kriterien des Erfolgs der Journalisten und die der Programmverantwortlichen" (Meyer 1997, S. 71). Für die Zulassung und Einführung des privat-kommerziellen Rundfunks hat sich der Begriff der „Dualisierung" etabliert, der abbilden soll, dass sich im bundesrepublikanischen Rundfunk zwei Systeme gegenüberstehen, die sich sowohl bezüglich ihrer Organisation und Finanzierung, als auch ihrer grundsätzlichen Wertorientierungen unterscheiden:

> „Privates Gewinnerzielungsinteresse mit den Folgen der unbedingten Quotenorientierung und einer dadurch induzierten Suche nach massen- und werbeattraktiven Programmangeboten hier, öffentlicher Auftrag, mit den gesetzlichen Programmvorgaben und der Verpflichtung, politisch zu informieren, kulturell zu bilden und anspruchsvoll zu unterhalten dort" (Marcinkowski 1998: 169).

Die Realität sieht jedoch anders aus. Denn auch der private Rundfunk muss gesetzlich festgeschriebenen Programmanforderungen gerecht werden, deren Einhaltung von pluralistisch besetzten Aufsichtsgremien überwacht wird. Und die öffentlich-rechtlichen Anstalten finanzieren sich – zu einem nicht unerheb-

---

30 Kleinsteuber weist zu Recht darauf hin, dass die Bezeichnung „Privater Rundfunk" irreführend ist, da sich auch die kommerziellen Anbieter im öffentlichen Raum bewegen. Seiner Ansicht nach resultiert die Bezeichnung daraus, dass der Rundfunk in der BRD schon immer eine Domäne der Juristen war. Dementsprechend basieren die Bezeichnungen „öffentlich-rechtlich" und „privat" auf der Organisationsform und nicht auf die Funktion (Kleinsteuber 1997: 244).

lichen Teil – über den Verkauf von Werbung (ebd.). Insoweit ist der Begriff der „Dualisierung" irreführend.[31]

Der „Wandel der Medienkultur" ist eng mit der am Anfang dieses Kapitels dargestellten „Gesellschaftsevolution" verschränkt und ist u.a. das Ergebnis der Ökonomisierung. Aufgrund der genannten besonderen Stellung und Rolle der Medien entwickelt das mediale System zunehmend eine „Eigenrationalität" (Saxer 1998: 60), die dazu führt, dass „Politik, Wirtschaft und Kultur in *Medienrealität*" umgewandelt werden (ebd.). Dies geschieht anhand von „spezifischen Selektions- und Präsentationsroutinen, darunter namentlich die so genannten Nachrichtenfaktoren bzw. -werte" (ebd.) wie Negativismus, Aktualität, Sensation, Personalisierung etc. Kurt Imhof und Winfried Schulz konstatieren, dass im Ergebnis eine „Privilegierung marktfähiger Themen einerseits" und die „Popularisierung von Medieninhalten andererseits" festzustellen ist (Imhof/Schulz 1998b: 10), wodurch die Massenattraktivität des Programms sichergestellt werden soll, die wiederum hohe Erlöse durch den Verkauf von Werbezeiten garantieren soll.

Nach Ansicht von Saxer beeinflussen die genannten Strukturierungsprinzipien immer stärker die Kommunikationssysteme der Gesellschaft und formen sie nach ihren Prinzipien:

> „So wie nämlich das Mediensystem sich immer konsequenter gemäß dieser Routinen seiner Eigenrationalität entfaltet, desto unvermeidlicher werden in Mediengesellschaften Kommunikationsstrategien entwickelt, die – von außen – Medienkommunikation im Sinne bestimmter Interessen zu instrumentalisieren suchen" (ebd.: 61).

Eine weitere Konsequenz der medialen Eigenrationalität ist die zunehmende Unabhängigkeit der Medien von der ihnen einst zugeschriebenen dienenden Rolle. Sie sehen sich selbst zunehmend „weniger als ‚Werkzeug' oder als Vermittlungsinstanz anderer Organisationen, sondern vielmehr als Diener eines Publikums" (Jarren 1998: 85).[32] Die Unabhängigkeit ist jedoch trügerisch, da gleichzeitig die Abhängigkeit vom ökonomischen System gestiegen ist und im Kampf um Rezipienten und Werbegelder auf dem größer werdenden Medienmarkt weiter steigt (Jarren 2001: 13). Besonders kritische Beobachter beschwören bereits das Aufziehen einer „kommerziellen Hegemonie" (Kleinsteuber 1997: 256) am Horizont.

Die beschriebenen Entwicklungen bleiben nicht ohne Folgen für die mediale Politikvermittlung. Im Folgenden stehen dabei Veränderungen der Berichterstattung elektronischer Medien einerseits und des Verhältnisses von Medien und Politik andererseits im Mittelpunkt. Grundsätzlich lässt sich sagen, dass es heute für Rezipienten deutlich leichter geworden ist, politischen

---

[31]   Eine ausführliche und kritische Auseinandersetzung über das System der deutschen Rundfunkaufsicht findet sich in Jarren 1997. Zur Realität des angestrebten Wettbewerbs zwischen öffentlich-rechtlichen und privaten Sendern äußert sich fundiert Marie-Luise Kiefer (Kiefer 1996).

[32]   Vgl. dazu auch Sarcinelli 1999: 253.

Informationen in Hörfunk und Fernsehen gänzlich aus dem Weg zu gehen. Durch die Etablierung von zahlreichen Sparten- und Zielgruppensendern sowie Programmmedien mit einem unterhaltenden Schwerpunkt sind etliche nahezu politikfreie mediale Räume entstanden (Bruns/Marcinkowski 1997: 14). Gleichzeitig hat sich nach Ansicht vieler Wissenschaftler aber auch die Informationsvermittlung gewandelt. Sie sehen eine zunehmende Ausdünnung der politischen Inhalte, eine stärkere Personalisierung der politischen Berichterstattung, Sensationalismus und die Boulevardisierung von Informationssendungen, (Bruns/Marcinkowski 1997: 15; Pfetsch 1998: 246; Saxer 1998: 59; Wegener 2001: 12; Imhof/Schulz 1998b: 10). Zusammenfassend lässt sich das als struktureller Wandel in den Strukturen und Inhalten medialer Politikvermittlung umschreiben, dessen Hauptmerkmal veränderte Selektions- und Präsentationskriterien darstellen (Imhof/Schulz 1998b: 10).[33]

Mit der zunehmenden Ausdünnung politischer Inhalte ist ein sinkender Anteil politischer Nachrichten in Nachrichtensendungen oder politischen Magazinsendungen gemeint. Im engen Zusammenhang damit steht der Aspekt der Boulevardisierung, wodurch zum Ausdruck gebracht werden soll, dass sog. „human touch"- oder „life style"-Themen – wie Berichte über persönliche Schicksale, Kriminalität oder Meldungen aus dem Leben von Prominenten – an Bedeutung gewinnen und die politische Information in den Hintergrund drängen. Unter Ausdünnung kann außerdem eine fortschreitende Unterhaltungsorientierung von Informationssendungen verstanden werden (Wegener 2001: 53). Mit dem Begriff des Sensationalismus soll umschrieben werden, dass im medialen Kampf um Zuschauer primär die neuartige, sensationelle, konfliktträchtige Nachricht Einzug in die Berichterstattung hält und so die langwierige Prozesshaftigkeit politischer Entscheidungen immer weniger abgebildet wird (Marcinkowski 1994: 42; Meyer 2002: 10).

Personalisierung gilt prinzipiell als „tragendes Merkmal journalistischer Berichterstattung" (Wilke 1998: 288), da Personen als „Navigationshilfen im Meer der Informationsmöglichkeiten" (Wehner 1998: 323) fungieren. Sie ist als eine Form der Komplexitätsreduktion unerlässlich. Entscheidend dabei ist jedoch die Qualität personalisierter Berichterstattung. Kritisch zu bewerten ist in jedem Falle eine Dominanz der politischen Elite sowie die privatistische Darstellung von Politik als „mehr oder weniger unpolitischer Sympathiewettbewerb politischer Stars", die „notwendige politische Auseinandersetzungen auf [...] ‚Nebenkriegsschauplätze'" (Sarcinelli 1994: 43) verlagert. In diesem Sinne ist auch die Definition der Personalisierung als "die Hervorhebung der Spitzenkandidaten, die Verknüpfung von persönlichen Images mit politischen Sachkompetenzen, die Reduktion von komplexen politischen Zusammenhängen auf Eigenschaften der handelnden Personen" (Detterbeck 2003: 59) zu verstehen.

---

[33]   Unter Strukturwandel wird hier verstanden, dass „spezifische Unterscheidungen im System an Relevanz gewinnen, während die Bedeutung von anderen nachlässt" (Bruns/Marcinkowski 1997: 14).

Diese Entwicklungen werden insofern problematisch bewertet, als dass Journalismus zunehmend seiner Rolle als informierende, kritische und kontrollierende gesellschaftliche Instanz verliert (Altmeppen/Löffelholz 1998: 121); die „potentielle Orientierungsfunktion" (Ludes/Staab/Schütte 1997: 151) der Berichterstattung aufgehoben wird und so langfristig „durch Medienkommunikation verursachte Unterschiede des politischen Wissens und auch der politischen Motivation ein mehr oder weniger demokratiegerechtes wie auch den persönlichen Interessen adäquates Entscheidungsverhalten" (Saxer 1988: 281) gefährden. Andererseits darf nicht unberücksichtigt bleiben, dass durch eine Veränderung der Selektions- und Präsentationskriterien Menschen erreicht werden, die das bisherige Informationsprogramm nicht genutzt haben (Wegener 2001: 53).

Bereits die Startphase der privaten Rundfunksender wurde in der Bundesrepublik wissenschaftlich begleitet, um mögliche Veränderungen durch die private Konkurrenz für das öffentlich-rechtliche System, ihre Ursachen und Folgen abzuschätzen (Schatz/Immer/Marcinkowski 1989). Aus diesen Forschungsprojekten zu den so genannten Kabelpilotprojekten entstand die kontrovers diskutierte „Konvergenzhypothese", nach der es

> „strukturelle Faktoren gebe, die dazu führen könnten, dass es statt zu der erhofften Steigerung der Programmvielfalt eher zu einer Angleichung zwischen den öffentlich-rechtlichen und den kommerziellen Fernsehprogrammen komme [...] [die] „notwendigerweise in einer Schwächung der politischen Funktionen des öffentlich-rechtlichen Rundfunks [münden würde]" (Schatz 1994: 67).

Später fand eine Präzisierung dahingehend statt, dass konvergente Entwicklungen vor allem in der Hauptsendezeit zu erwarten seien, mit der Angleichung kein einseitiger Niveauverlust der öffentlich-rechtlichen Programme gemeint sei und dieser Prozess keineswegs zwangsläufig und unwiederbringlich stattfinden werde (Schatz 1994: 67f). Verschiedene Studien zur Konvergenz – die sich größtenteils auf das Fernsehen beziehen – kommen zu unterschiedlichen und teilweise widersprüchlichen Ergebnissen aufgrund von Unterschieden in der Vorgehensweise, den Stichproben und theoretischen Grundlagen. Dadurch wird auch die Vergleichbarkeit der einzelnen Analysen und ihrer Ergebnisse erschwert.[34]

Bezüglich der Arbeiten zu den oben skizzierten Veränderungen der medialen Berichterstattung merkt Frank Marcinkowski kritisch an, dass sie sich oft auf veraltete Studien stützen, insgesamt ein deutlicher Mangel an Längsschnittanalysen herrscht und die Komplexität des Gegenstandes „Informationsangebot" oft zu forschungsökonomisch begründeten Auswahlprozessen führt, die eine Vergleichbarkeit verhindern (Marcinkowski 1997: 53f). In einer breit

---

[34]   Eine ausführliche Diskussion der Studien findet sich in Wegener 2001. Vgl. zur Konvergenzhypothese und -forschung außerdem Krüger 1998; Bruns/Marcinkowski 1996 sowie den bereits zitierten Aufsatz von Heribert Schatz (Schatz 1994).

angelegten Inhaltsanalyse von Nachrichten und Informationssendungen der großen Fernsehanstalten aus den Jahren 1986 bis 1994 kommt er zusammen mit Thomas Bruns u.a. zu dem Ergebnis, dass Nachrichten nicht unpolitischer geworden sind, sondern der Politikanteil sogar um 10 Prozent gestiegen ist und dass es keine Belege für eine zunehmende Unterhaltungsorientierung gibt (Bruns/Marcinkowski 1997: 288ff). Ihrer Ansicht nach „geht die Informations- und Bildungsfunktion der Politikvermittlung des Fernsehens aus den letzten Jahren gestärkt hervor" (ebd.: 293).[35]

Am Ende dieses Abschnitts werden nun die Auswirkungen der zu Beginn dieses Kapitels beschriebenen Entwicklungen auf das Verhältnis von Medien und Politik dargestellt. Grundlegend lässt sich feststellen, dass sich eine zunehmende Kluft zwischen den Zeithorizonten von Politik und Medien öffnet. Die Aufmerksamkeitsspanne für Themen im Mediensystem ist kurz, auch wenn sie über Jahre auf der politischen Agenda stehen und langwierige und komplizierte Entscheidungsprozesse durchlaufen. Nach Ansicht von Barbara Pfetsch verstärkt sich so der „Handlungs- und Entscheidungsdruck in der Politik auf nicht immer angemessene Art und Weise" (Pfetsch 1998: 247).

Außerdem ist die bereits erwähnte Doppelfunktion der Medien als politischer Akteur sowie Medium für andere politische Organisationen, welches zwischen diesen und der Gesellschaft sowie den politischen Handlungsträgern vermittelt, von Bedeutung (vgl. Kapitel 1.2 dieser Arbeit). Denn auch die Kommunikationsprozesse innerhalb der Organisationen laufen zu großen Teilen medienvermittelt ab (Jarren 1998: 86). Dementsprechend sind politische Akteure in ihrer Kommunikation zunehmend auf mediale Aufmerksamkeit angewiesen, die aufgrund der beschriebenen Eigenrationalität umso schwieriger zu erlangen ist. Medienpräsenz wird so zu einer „Machtprämie in der Mediengesellschaft" (Sarcinelli 1999: 254). Sarcinelli hält die „Fähigkeit zur politischen Kommunikation, zur Herstellung von Öffentlichkeit" für eine der „zentralen Aufgabe[n] der Politik" (ebd.). Als Reaktion darauf ist auf Seiten des politischen Systems eine Professionalisierung der Kommunikations- und Öffentlichkeitsarbeit zu beobachten (vgl. Jarren 2001: 16).[36] Das führt seiner Ansicht nach dazu, dass

> „langfristig angelegte politische Vertrauensarbeit, Gremien- und Institutionenpolitik [...] an Gewicht gegenüber einem zunehmend professionellen, medienzentrierten Aufmerksamkeits- und Akzeptanzmanagements [verliert]" (Sarcinelli 1999: 255f).

Andere Autoren gehen noch einen Schritt weiter und sprechen sogar von einer „Kolonisierung der Politik durch die Medien" (Meyer 2002: 7), da

> „die Regeln der medialen Politikdarstellung - unterhaltsam, dramatisierend, personalisiert und mit Drang zum Bild [...] – [...] in zunehmendem Maße und mit beträchtlichen Folgen auf das politische Geschehen selbst [übergreifen]" (ebd.).

---

[35] Zu den Ergebnissen dieser Studie bzgl. der Konvergenz öffentlich-rechtlicher und privater Sender vgl. zusammenfassend Bruns/Marcinkowski 1997: 301f.

[36] Vgl. für die Parteien Detterbeck 2003: 58.

Die Politik unterwirft sich – laut Meyer – den Medien, um so die Kontrolle über die Öffentlichkeit zu erlangen; die beiden früher getrennten Systeme Politik und Medien überlagern sich (ebd.).[37] Zur Beschreibung dieser Entwicklung wurde der Begriff der „Mediokratie" (Meyer 1997) oder auch „Mediendemokratie" geprägt.[38] Diese Sichtweise verkennt jedoch die Tatsache, dass

> „die materielle Vorbereitung, Diskussion, Aushandlung und schließlich die ‚Herstellung kollektiv verbindlicher Entscheidungen' [...] ein hochkomplexer Prozess [ist], der bis auf weiteres nur innerhalb komplizierter Akteursgeflechte stattfindet" (Bieber 2003: 11).[39]

Außerdem darf nicht außer Acht gelassen werden, dass

> „Politik vielfach eine Routineangelegenheit ist, in der Probleme abgearbeitet werden, die unterhalb der Aufmerksamkeitsschwelle der Massenmedien bleiben, obgleich sie für den politischen Prozess typisch und prägend sind" (Detterbeck 2003: 60).[40]

Mediale Aufmerksamkeit und Einflussnahme setzen dann ein,

> „wenn ‚prohibitive' und ‚repressive' Entscheidungen anstehen, an denen sich gesellschaftliche Kontroversen und Konflikte entzünden" (Koch-Baumgarten 2003: 50).

In dieser Richtung argumentieren auch Peter Ludes, Joachim-Friedrich Staab und Georg Schütte, die eine Unterscheidung zwischen medienspezifischen Teilöffentlichkeiten fordern, da sich dort jeweils „spezifische Konventionen und Strategien der Darstellung und Selbstdarstellung von politischen Akteuren und politischem Handeln entwickelt haben bzw. ermöglicht und durchgesetzt wurden" (Ludes/Staab/Schütte 1997: 140). In der wissenschaftlichen Analyse lassen sich so graduelle Unterschiede und Mischungsverhältnisse von Entscheidungs- und Darstellungspolitik herausarbeiten. Eine derartig differenzierte Vorgehensweise verspricht in jedem Falle mehr Erkenntnisse als stark vereinfachende Beschreibungen und Begriffsbildungen, denen es an fundierten empirischen Belegen mangelt.[41]

Um genau diesen Mangel zu beheben, hat eine Forschergruppe um Ulrich Sarcinelli und Heribert Schatz den nordrhein-westfälischen Landtagswahlkampf 2000 als Anlass für die Untersuchung der „Mediendemokratie"-These genutzt (Sarcinelli/Schatz 2002). Auch wenn der komplexe Aufbau der einzelnen Studien sowie deren Ergebnisse an dieser Stelle im Detail nicht dargestellt werden können, so lassen sich die Ergebnisse jedoch dahingehend zusammenfassen, dass das „Land [Nordrhein-Westfalen] bei aller Formenvielfalt und trotz großer Reichweiten der hier verfügbaren Print-, Funk- und Interaktionsmedien bisher allenfalls die ersten Schritte in Richtung auf eine

---

[37] Vgl. dazu auch Ross 1998: 151.

[38] Vgl. ausführlich zum Begriff der Mediendemokratie den kritischen Aufsatz von Christoph Bieber (Bieber 2003).

[39] Vgl. dazu auch Sarcinelli 1998b: 14; Detterbeck 2003: 60.

[40] Vgl. dazu auch Koch-Baumgarten 2003: 48.

[41] Die aber evtl. gerade deshalb so erfolgreich sind, weil sie sich durch die Befolgung des medialen Selektionskriteriums der Vereinfachung so gut „verkaufen" lassen.

‚Mediendemokratie' getan hat" (Sarcinelli/Schatz 2002c: 441). Der Transformationsprozess von der Parteien- zur Mediendemokratie ist ihrer Ansicht nach viel voraussetzungsvoller und in seinem Verlauf entschieden langfristiger als bisher angenommen. Zwar wurde eine deutliche Professionalisierung des Kampagnenmanagements festgestellt und auch die These vom Fernsehen als „Leitmedium" wurde bestätigt, gleichzeitig ist jedoch auch die personale Kommunikation im Wahlkampf immer noch von wesentlicher Bedeutung (ebd.: 436). Auch wenn die Parteien verstärkt „mediengerechte" Ereignisse inszenierten und eine „medieninduzierte Tendenz zur Personalisierung der Politikvermittlung" (ebd.: 437) in der Parteienwerbung festgestellt wurde, sind die medialen Akteure kaum in der Lage, „aktiv und autonom Thematisierungsund Personalisierungsprozesse [an den Interessen der Parteiführung vorbei] in der politischen Berichterstattung durchzusetzen" (ebd. 438). Dieser Befund steht im Gegensatz zu den Annahmen der „Mediendemokratiker", die ja gerade eine steigende Themensetzungs- und -gestaltungskapazität der Medien postulieren.

1.4   Zwischenfazit

Wenn also die Vermittlung von Politik für demokratische Gesellschaften von entscheidender Bedeutung ist, Massenmedien in diesen Vermittlungsprozessen eine zentrale Rolle spielen und das Mediensystem den beschriebenen durchgreifenden Wandel durchlaufen hat, stellt sich konsequenterweise die Frage nach der politischen Informationsleistung des Mediensystems. Bereits in der Einleitung wurde die bisherige Konzentration der Forschung auf das „Leitmedium" Fernsehen dargestellt. Aufgrund der – im Vergleich zum TV – weitgehenden wissenschaftlichen Vernachlässigung des Hörfunks einerseits und seiner unbestrittenen Bedeutung als Informationsmedium (Kiefer 1997: 618; Ecke/Stuiber 1995: 163; Hesse 1994: 149; Arnold 1991b: 134) andererseits steht das Radio im Mittelpunkt dieser Arbeit. Denn trotz seiner Entwicklung zu einem „Nebenbeimedium" (Merten/Gansen/Götz 1995: 6; Blumers 1998: 94; Frei 1997: 205) erreichen „Nachrichten und Informationen im Radio [...] aufgrund ihrer Schnelligkeit, Häufigkeit und der Eingliederung in das Gesamtprogramm die Rezipienten in vielen Nutzungssituationen unmittelbarer als in anderen Medien" (Simon 1998: 191).[42] Und dass der Hörfunk die Menschen erreicht, zeigt sich an der ungebrochen hohen Nutzungsdauer von deutlich mehr als drei Stunden täglich (Stümpert 2005: 10).[43]

---

[42]   Hierbei muss auch berücksichtigt werden, dass der Begriff des „Nebenbeimediums" den Hörfunk keineswegs zu einem „Medium zweiter Klasse" (Arnold 1991a: 15) werden lässt, sondern lediglich ausdrückt, dass das Radio die Rezipienten bei der Erledigung anderer Tätigkeiten begleitet. Außerdem haben Analysen der Einschaltquoten gezeigt, dass die Rezipienten eine „existentiell nutzbare Informationsleistung" (Arnold 1991a: 15) erwarten.

[43]   Die hohe Reichweite resultiert auch daraus, dass 98,7 Prozent der Deutschen über 14 Jahre ein Radiogerät besitzen (Stümpert 2005: 10).

Die Informationsvermittlung im Hörfunk als Teil des Programmauftrags (vgl. dazu Kapitel 2.2) – und dabei vor allem die politische – findet in unterschiedlichen Sendeformen statt. Dazu gehören Reportagen, Interviews, Features und so genannte Serviceprogramme (Arnold 1991c: 172). Im Zentrum stehen jedoch die stündlichen Nachrichten, die „als wesentliches Strukturmerkmal für die meisten Hörfunkprogramme kennzeichnend sind" (Hesse 1994: 149).[44] Jürgen Häusermann definiert sie als „kurzgefasste, sachbezogene Informationen über einen relevanten, meist allgemein interessierenden, aktuellen Sachverhalt, der für die Empfänger ganz oder teilweise neu ist" (Häusermann 1998: 69).

Hörfunknachrichten sind

> „im Gegensatz zu anderen publizistischen Angeboten des Mediums, deren Bedeutung sowohl auf der Angebots- als auch auf der Nachfrageseite in der Folge des Funktionswandels des Mediums und der veränderten Wettbewerbssituation auf dem Hörfunkmarkt abgenommen hat, [...] nach wie vor unverzichtbare Programmbestandteile" (Simon 1998: 191).[45]

Der Hörfunkjournalist Klaus Greiner vergleicht ein Programm ohne Nachrichten gar mit einem Auto ohne Reifen (Greiner 2000: 85). Sie bieten aufgrund ihres regelmäßigen Auftretens im Programm dem Publikum eine bequeme und schnelle Möglichkeit, sich einen Überblick über das tagesaktuelle Geschehen zu verschaffen. Dass diese Möglichkeit auch genutzt wird und für die Rezipienten von großer Bedeutung ist, zeigen Untersuchungen z.B. zur Bedeutung der verschiedenen Programmbestandteile (Blumers 1998: 21; Simon 1998: 192; Scherer 1997: 117; Buchholz 1996: 10; Ecke/Stuiber 1995: 164f).

Gleichzeitig bleibt jedoch auch das Medium Radio nicht von dem in Kapitel 1.3 beschriebenen Wandel der Informationsvermittlung verschont. Peter Widlok spricht sogar von einer „Entpolitisierung" des Hörfunks, die sich mittelbar auch auf die Rezipienten auswirkt (Widlok 1994a: 146; vgl. zum Forschungsstand ausführlicher Kapitel 2.3).[46] Er sah bereits vor elf Jahren den bundesrepublikanischen Hörfunk am Scheideweg zwischen „‚Radio als Jukebox' und ‚Radio als journalistisches Medium'" (ebd.) angelangt. Nach Ansicht des Autors handelt es sich bei Widloks These um ein weiteres Beispiel für die bereits beklagte Kluft „Theorie und Praxis". Damit ist gemeint, dass immer wieder bewusst provokant formulierte Thesen über den angeblichen Zustand des Mediensystems in Umlauf geraten, denen jedoch eine überzeugende empirische Unterfütterung fehlt. Genau das, also die empirische Untersuchung der Vermittlungsleistung öffentlich-rechtlicher und privater Anstalten, hält auch Otfried Jarren für bedeutsam (Jarren 2001: 10).

---

[44]   Vgl. dazu auch Schmidt 1991: 27.
[45]   Vgl. dazu auch Kapitel 2.1 dieser Arbeit.
[46]   Vgl. dazu auch Lindner-Braun 1998: 26.

Daher wird in dieser Arbeit der Frage nachgegangen, wie sich die Informationsleistung in den stündlichen Nachrichten des öffentlich-rechtlichen Senders WDR 2 und des Rahmenprogrammanbieters Radio NRW unterscheiden. Der Schwerpunkt liegt dabei auf der politischen Berichterstattung.

Die Hörfunklandschaft des Landes Nordrhein-Westfalen bietet sich aus mehreren Gründen für eine derartige Untersuchung an. Das bevölkerungsreichste Bundesland ist nicht nur die Heimat des Westdeutschen Rundfunks, der größten Anstalt innerhalb der ARD, sondern hat sich bei der – im Vergleich zu anderen Bundesländern – relativ späten Zulassung privater Sender zu Beginn der 90er Jahre für ein bundesweit einmaliges Modell entschieden. Im so genannten „Zwei-Säulen-Modell" sind Programmverantwortung und Kapitaleinsatz zwischen einer nicht-kommerziellen Veranstaltergemeinschaft und einer profitorientierten Betriebsgesellschaft gesetzlich-strukturell getrennt. Es handelt sich dabei um den Versuch, die Finanzierung der Programme von der Programmverantwortung zu lösen (Widlok 1994a: 141f). Gleichzeitig wurde NRW in 46 so genannte Verbreitungsgebiete eingeteilt – die in den meisten Fällen einen Kreis oder eine kreisfreie Stadt umfassen, in denen nur eine Frequenz an einen privaten Anbieter vergeben wurde. Die Lokalradios sollten durch diese Regelungen dazu befähigt werden, „aktiver Faktor im Prozess der kommunalen Meinungsbildung zu sein" (Weiß/Rudolph/Classen 1993: 96). Ziel des Gesetzgebers war es, eine programmatische Vielfalt auch im Privatradio zu ermöglichen, die Dominanz der Gewinnmaximierung über die Programmgestaltung zu verhindern und den privaten Hörfunk gesellschaftlich zu kontrollieren.[47] Da die einzelnen Lokalsender aus finanziellen und personellen Gründen nicht in der Lage sind, ein 24-stündiges Programm anzubieten, erhält der Rahmenprogrammanbieter Radio NRW 1990 erste Rahmenprogrammlizenzen und startet seinen Betrieb gleichzeitig mit dem ersten nordrhein-westfälischen Privatsender Radio DU am 01.04.1990 (Dausner 1996: 84). Radio NRW liefert Einzelbeiträge, Comedy und einzelne Programmelemente sowie ein 24-stündiges Programm (Radio NRW 2005), das 45 der 46 Lokalsender entsprechend der gesetzlichen Vorgaben[48] jeweils stundenweise übernehmen. Dazu gehören auch die stündlichen Nachrichten aus „NRW, Deutschland und der Welt"[49], zu deren Übernahme sich die bereits erwähnte Zahl von 45 Sendern verpflichtet hat. Die Finanzierung erfolgt aus Anteilen des Verkaufs von überregionaler Markenartikelwerbung (Dausner 1996: 92). Da jedoch den Hörern der Eindruck vermittelt werden soll, rund um

---

[47]   Vgl. zum Zwei-Säulen-Modell und seiner Entwicklung auch Donges, Steinwärder 1998. Gleichzeitig schreibt das Landesrundfunkgesetz vor, dass täglich 15 Prozent der Sendezeit nichtkommerziellen Gruppen aus dem Verbreitungsgebiet zur Verfügung zu stellen, wodurch eine direkte gesellschaftliche Beteiligung an der Programmgestaltung ermöglicht werden soll (LRG NW § 72).

[48]   Die Lokalsender sind dazu verpflichtet, täglich mindestens acht Stunden selbständig zu produzieren. Falls dies aus wirtschaftlichen Gründen nicht möglich ist, sind Ausnahmen möglich (LRG NW §55).

[49]   Mit diesem Text beginnt der Jingle, der die stündlichen Nachrichten einleitet, vgl. Transkription der Nachrichtensendungen im Anhang.

die Uhr ein Lokalprogramm zu hören, tritt Radio NRW innerhalb des Programms nicht in Erscheinung (Dausner 1996: 97).[50] Da also die stündlichen Nachrichten in NRW bis auf zwei Sender völlig identisch sind, wird nicht ein einzelner Sender, sondern eben der Rahmenprogrammanbieter Radio NRW mit WDR 2 verglichen. Ein weiterer Vorteil liegt darin, dass so Aussagen für (fast) ganz Nordrhein-Westfalen möglich sind, ohne die Vielzahl der Sender berücksichtigen zu müssen.

Aufgrund der Beschränkungen einer Diplomarbeit konnten nicht alle in Nordrhein-Westfalen empfangbaren Radiosender in die Untersuchung einbezogen werden. Die Auswahl von WDR 2 und Radio NRW liegt darin begründet, dass beide ein massenattraktives Programm für eine breite Zielgruppe anbieten. Zwar gibt es innerhalb des Westdeutschen Rundfunks reichweitenstärkere Sender, dabei handelt es sich jedoch um zielgruppenspezifische Programme. Außerdem definiert sich WDR 2 selbst als „Informationsleitwelle" (WDR 2005a) des WDR, als „Sender für das Wesentliche" (WDR 2005b). Frank Böckelmann bezeichnet WDR 2 als „Magazinprogramm mit Boulevardcharakter" (Böckelmann 1999: 99f). Auch Radio NRW soll zwar dem Anspruch eines journalistischen Hörfunkprogramms entsprechen (Dausner 1996: 95), zeichnet sich insgesamt jedoch durch einen relativ niedrigen Wortanteil aus. Kaum eine Moderation (abgesehen von den Nachrichten) steht „frei", d.h. ohne darunter liegendes Musikbett[51]. Radio NRW bezeichnet das eigene Programm als durchmoderiertes Magazinprogramm.

Wie sich die öffentlich-rechtliche und die private Nachrichtenberichterstattung unterscheiden, wird am Beispiel von WDR 2 und Radio NRW mit der Methode der vergleichenden Inhaltsanalyse untersucht. Anhand der Ausführungen zu den allgemeinen Veränderungen des Mediensystems (vgl. Kapitel 1.3) und den Ergebnissen vergangener Studien (vgl. Kapitel 2.3) werden dazu im folgenden vier Hypothesen entwickelt, die im Rahmen der Analyse überprüft werden sollen.[52]

Die erste Hypothese bezieht sich konkret auf die politischen Inhalte in Hörfunknachrichten. Wenn der dargestellte Wandel des Mediensystems tatsächlich zu einer Veränderung der medialen Politikvermittlung geführt hat und eine der Konsequenzen die Ausdünnung politischer Inhalte in der Medienberichterstattung ist, dann müssten davon vor allem private Hörfunksender betroffen sein. Denn ihre Etablierung und die damit begonnene Ökonomisierung gelten als treibende Kräfte der Entwicklung. Dementsprechend ist davon auszugehen, dass *politische Meldungen in der Berichterstattung von Radio NRW einen*

---

[50]   Vgl. ausführlich zu Rahmen- und Mantelprogrammanbietern allgemein und Radio NRW im speziellen Dausner 1996.

[51]   Als Musikbett wird Instrumentalmusik bezeichnet, die als „Unterlage/Hintergrund für Mods [Abk. für Moderationen] und andere Sprachbeiträge" (LaRoche/Buchholz 1997: 350) dient.

[52]   Die genaue Operationalisierung der Hypothesen erfolgt im dritten Kapitel.

deutlich geringeren Stellenwert haben, als bei WDR 2.[53] Daran schließt sich die Frage an, welche Meldungen denn überhaupt als politisch gelten können. In ihrer Studie „Politische Information im Fernsehen" haben Thomas Bruns und Frank Marcinkowski dazu einen Kriterienkatalog entwickelt, der auch für die Untersuchung von Hörfunknachrichten sehr gut geeignet ist und deshalb für diese Arbeit übernommen wird. Die Autoren definieren Politik als „geregelte Austragung gesellschaftlicher Konflikte über Werte sowie die gesellschaftsweit bindende Entscheidung über deren Allokation" (Bruns/Marcinkowski 1997: 80). Dementsprechend muss eine Meldung, die als politische Berichterstattung gelten soll, vier Merkmale beinhalten:

„[1.] mindestens zwei gesellschaftliche Konfliktparteien und ihre Werte/Interessen; hierbei ist entscheidend, dass die Gegensätze zwischen den Akteuren deutlich werden [...] [2.] einen autorisierten Entscheidungsträger (staatliche Organe oder nachgelagerte Einrichtungen), der mit der bindenden Regelung des Konfliktes befasst ist oder befasst sein könnte [...], [3.] den geplanten oder realisierten Entscheidungsinhalt, eine Maßnahme, ein Programm, das sich auf die (zumeist unterschiedlichen) Interessen bezieht, [4.] schließlich mindestens einen Entscheidungsbetroffenen, einzelne Gruppen oder die gesamte Bevölkerung, die im neutralen Sinne des Wortes (also entweder positiv oder negativ) ‚betroffen' sind" (Bruns/Marcinkowski 1997: 80f).

Das bedeutet, dass eine Meldung nicht schon deshalb als politisch gilt, weil sich „die Staatstätigkeit potentiell auf die in ihnen thematisierten Felder privaten oder gesellschaftlichen Handelns beziehen lässt" (ebd.: 33), sondern nur, wenn sie auch tatsächlich die genannten Komponenten des politischen Prozesses thematisieren.

Eine der Folgen des in Kapitel 1.3 beschriebenen gesellschaftlichen Wandels ist der Rückgang primärkommunikativer Erfahrungen. Überspitzt formuliert reduziert sich „gemeinschaftliches Leben und Erleben [...] von der Wiege bis zur Bahre immer mehr auf Kleinst- und Restgruppen" (Westerbarkey 1998: 313). So entsteht bei den Rezipienten ein gesteigertes Bedürfnis nach Berichterstattung über außergewöhnliche Ereignisse, die „in der Regel auf der Ebene des Privaten angesiedelt sind und die Abweichung von der Norm oder dem ‚Normalen' in positiver wie negativer Form darstellen" (Krüger 1996: 367). Sie bevorzugen ein Medienangebot, „das [Unterhaltung,] Entlastung von Defiziten, Zwängen und Versagungen verspricht, die aus dem Alltagsleben in Familie, Beruf und Politik resultieren" (Wegener 2001: 79). Diese Nachfrage nach so genannten Boulevardthemen, einer „Mischung aus Kriminalität, Sex, Unfällen, Katastrophen einerseits und Skurrilem sowie Klatsch und Tratsch [aus der Welt der Stars und Sternchen] andererseits" (Krüger 1996: 363) und unterhaltender Berichterstattung über Sport, Kultur, Film und Fernsehen wird von den privat-kommerziellen Sendern konsequent bedient, da sie hohe Einschaltquoten

---

[53]   In dieser Richtung argumentiert auch Otfried Jarren, wenn er behauptet, dass öffentlich-rechtliche Sender stärker über Politik berichten, als privat-kommerzielle Anbieter (Jarren 1998: 89).

garantiert, wodurch wiederum hohe Erlöse aus dem Verkauf von Werbezeiten möglich werden. Daher lautet die zweite Hypothese, *dass auch in der Nachrichtenberichterstattung von Radio NRW – im Vergleich zu WDR 2 – die „Boulevardisierung" verstärkt Einzug gehalten hat.*

Die dritte Hypothese bezieht sich auf das bereits erwähnte Phänomen der Personalisierung, verstanden als Konzentration der Berichterstattung auf einzelne oder mehrere Personen.[54] Diese ist „sozialpsychologisch gesehen ein notwendiges Element der Komplexitätsreduktion und demokratietheoretisch unabdingbar für politische Verantwortungszumessung" (Sarcinelli 1994: 43).[55] Aus diesem Grund ist die journalistische Darstellung von Ereignissen, Themen, etc. ohne Einbezug und Nennung der beteiligten Akteure schlicht unmöglich. Dies gilt in besonderem Maße für die Berichterstattung der elektronischen Massenmedien – also Hörfunk und Fernsehen. Des Weiteren gibt Personalisierung den Rezipienten die Möglichkeit der Identifikation anhand von Projektion oder Empathie. So kann eine Rezeptionshaltung eingenommen werden, die die Rezipienten in das thematisierte Ereignis oder den Sachverhalt ohne direkte Betroffenheit involviert.

Von entscheidender Bedeutung ist jedoch die Qualität der Personalisierung vor allem in der politischen Berichterstattung. Ein Übermaß an Konzentration auf Personen droht zum einen politische Inhalte über die Gebühr zu vereinfachen und lässt die notwendige Darstellung der Sachverhalte in den Hintergrund treten bzw. bindet sie an politische Funktionsträger oder politisch relevante Akteure (Greger 1998: 251). Zum anderen kann die sog. „Privatisierung" als spezifische Form der Personalisierung, die „individuelle Charakterzüge, Eigenschaften, Vorlieben und Abneigungen [sowie das Privatleben] der am politischen Geschehen beteiligten Personen in den Mittelpunkt der Berichterstattung stellt" (Wegener 2001: 122), die Bewertung des politischen Personals durch die Rezipienten dahingehend beeinflussen, dass nicht mehr die professionellen Kompetenzen ausschlaggebend sind.

Folgt man der Argumentation von Claudia Wegener, dass „ein Ereignis für die Rezipienten umso interessanter ist, [...] je mehr es personalisiert ist" (Wegener 2001: 111), so müssten vor allem die Privatsender – aufgrund ihres Strebens nach einem massenattraktiven Programm – die Personalisierung der Berichterstattung im negativen Sinne vorantreiben. Dementsprechend lautet die dritte Hypothese, dass *die Nachrichten des Rahmenprogrammanbieters Radio NRW ein stärkeres Maß an Personalisierung (im negativen Sinne[56]) aufweisen,*

---

[54]   Vgl. ausführlich zur Personalisierung Wegener 2001: 117ff.

[55]   Vgl. dazu auch Wehner 1998: 324.

[56]   An dieser Stelle sei noch einmal an die griffige Definition der negativen Form von Personalisierung von Klaus Detterbeck erinnert, die bereits in Kapitel 1.3 zitiert wurde und sie als die "Hervorhebung der Spitzenkandidaten, die Verknüpfung von persönlichen Images mit politischen Sachkompetenzen, die Reduktion von komplexen politischen Zusammenhängen auf Eigenschaften der handelnden Personen" (Detterbeck 2003: 59) bezeichnet.

als die des Westdeutschen Rundfunks. Da sich die Konzentration auf Personen statt unpersönlicher Sachverhalte besonders auf die politische Berichterstattung negativ auswirkt, steht die Analyse der politischen Akteure im Fokus der Überprüfung dieser Hypothese.

Eines der erklärten Ziele, das mit der Einführung des dualen Rundfunksystems verbunden wurde, war die Stärkung der Informations- und Meinungsvielfalt (Kiefer 1996: 84). Dazu gehörte auch die Erschließung lokaler und regionaler Kommunikationsräume (Maurer 2005: 42). Besonders in Nordrhein-Westfalen erhoffte man sich durch das beschriebene Zwei-Säulen-Modell, die Lokalradios dazu zu befähigen, „aktiver Faktor im Prozess der kommunalen Meinungsbildung zu sein" (Weiß/Rudolph/Classen 1993: 96). Informationsvielfalt drückt sich unter anderem durch die gegenständliche Vielfalt, die Repräsentation der unterschiedlichen Politikebenen (Kommunal-, Landes- und Bundesebene) sowie der geografischen Bezüge innerhalb der Berichterstattung aus. Vor allem die beiden letzten Aspekte sind hinsichtlich der beschriebenen Erwartungen an den nordrhein-westfälischen Hörfunk von Interesse. Da aus verschiedenen Gründen (vgl. dazu Kapitel 3.1) keine Längsschnittanalyse von WDR 2 und Radio NRW möglich ist, sind am Ende der Analyse bedauerlicherweise keine Aussagen darüber möglich, ob die Informationsvielfalt gestärkt wurde, oder nicht.

Neben der Vielfalt ist im Rahmen einer Analyse der politischen Informationsleistung auch die Tiefe der Berichterstattung relevant. Darunter ist der Informationsgehalt einer einzelnen Meldung sowie deren Länge zu verstehen.

Aufgrund der widersprüchlichen Ergebnisse bisheriger Studien über die Informationsleistung des Hörfunks (vgl. Kapitel 2.3) lassen sich keine seriösen Prognosen über die Unterschiede in der Vielfalt der Berichterstattung zwischen öffentlich-rechtlichen und privaten Sender in Nordrhein-Westfalen machen. Bezüglich der Tiefe lassen sich jedoch anhand der bisherigen Beschäftigung mit dem empirischen Material dieser Arbeit eindeutige Unterschiede prognostizieren. Daher ist die vierte und letzte Hypothese zweigeteilt: *Hinsichtlich der Vielfalt der Nachrichtenberichterstattung bestehen keine gravierenden Unterschiede zwischen der zweiten Welle des WDR und dem Rahmenprogrammanbieter Radio NRW; die Hörfunknachrichten von WDR 2 zeichnen sich jedoch durch ein höheres Maß an Tiefe aus.*

2. Das Medium Hörfunk

Nach der Entwicklung der Hypothesen und vor der Darlegung der methodischen Vorgehensweise erfolgt in diesem Kapitel der Arbeit eine kurze Darstellung der Entwicklung des Hörfunks in den letzten Jahrzehnten. Darüber hinaus werden die rechtlichen Rahmenbedingungen sowohl für den öffentlich-rechtlichen, als auch den privaten Hörfunk dargestellt und ein Überblick des bisherigen Forschungsstands bezüglich der Inhaltsanalyse von Radiosendern in der Bundesrepublik gegeben.

2.1 Entwicklung des Hörfunks

Seit seiner Erfindung hat das Medium Hörfunk eine äußerst wechselvolle Geschichte durchlebt.[57] Nach dem Missbrauch als Mittel zur Propaganda während des dritten Reiches war es in der Nachkriegszeit bis zur flächendeckenden Verbreitung von Fernsehern *das* Mittel zur Information, Unterhaltung und vor allem auch Bildung. Spätestens nach Sendestart des Zweiten Deutschen Fernsehens verlor der Hörfunk jedoch die Gunst seiner vormals so treuen Zuhörer. Darauf reagierten die öffentlich-rechtlichen Sender – allen voran die zweiten Wellen des NDR und WDR – mit der Einführung von mehrstündigen Magazinen, die aktuelle Berichterstattung aus aller Welt und der Region sowie „Informationen aus dem Bereich der sogenannten Lebenshilfe" (Arnold 1991b: 136) boten, begleitet von Unterhaltungsmusik. Den Rahmen bildeten stündliche Nachrichten. Die eingeleiteten Programmreformen waren erfolgreich. In den siebziger Jahren erlebte das Radio eine „Renaissance" (Halefeldt 1999: 219; Lindner-Braun 1998b: 47), allerdings nicht in der Rolle des „Zuhör-Mediums", sondern als „Nebenbeimedium, das mit viel Musik den Tagesbegleiter spielt und hauptsächlich über Nachrichten für eine Basisversorgung mit aktueller Information sorgt" (Halefeldt 1999: 226).[58] Außerdem entwickelte der Hörfunk in dieser Zeit zwei weitere Stärken: Serviceinformationen wie regelmäßige Verkehrsnachrichten und die Regionalisierung. Der Westdeutsche Rundfunk öffnete Mitte 1984 morgens dreistündige lokale „Fenster", in denen Programm aus den Regionen Münsterland, Ostwestfalen-Lippe, Niederrhein, der Kölner Bucht und dem Ruhrgebiet gesendet wird (Widlok 1994b: 230). Zu dieser Zeit führte der WDR – gemeinsam mit dem NDR – auch wieder die Werbung im Radio ein.[59] Des Weiteren begann in den achtziger Jahren der Aufbau von vierten Programmen, die als „Zuhörprogramme" (Halefeldt 1999: 221) konzipiert waren. Insgesamt war die Entwicklung des öffentlich-rechtlichen Hörfunks bis zum Sendestart der privaten Konkurrenz von Expansion und Diversifikation geprägt. Statt mit einem vertikal gegliederten Programm nacheinander die Bedürfnisse aller Hörer zu stillen, wurde der Versuch

---

[57] Eine ausführliche Darstellung der Geschichte des Hörfunks bietet Halefeldt 1999.

[58] Vgl. dazu auch Schwanebeck 1998: 30.

[59] Die anderen öffentlich-rechtlichen Sender begannen bereits zwischen 1948 und 1955 mit der Ausstrahlung von Funkwerbung (Halefeldt 1999: 219).

© Springer Fachmedien Wiesbaden GmbH, ein Teil von Springer Nature 2007
A. Primavesi, *Hörfunknachrichten im Wandel*, Edition KWV,
https://doi.org/10.1007/978-3-658-24700-3_3

unternommen, durch ein horizontales Gesamtangebot an unterschiedlichen Sendern zeitgleich unterschiedliche Zielgruppen anzusprechen (Halefeldt 1999: 222).

Das nächste einschneidende Ereignis in der bundesrepublikanischen Hörfunklandschaft bildete die Einführung des privat-kommerziellen Rundfunks Mitte der achtziger Jahre, die das fast 40 Jahre währende Monopol der öffentlich-rechtlichen Sender beendete.[60] Am 1. Juli 1986 startete mit Radio Schleswig Holstein (RSH) der erste landesweite Privatsender (ebd.). Da der Rundfunk in der Zuständigkeit der einzelnen Bundesländer liegt, entwickelten sich in den einzelnen Ländern sehr unterschiedliche Modelle. Nordrhein-Westfalen beschritt mit dem bereits beschriebenen „Zwei-Säulen-Modell" (Kapitel 1.4) einen Sonderweg. Um den gewandelten Nutzungsgewohnheiten gerecht zu werden und gleichzeitig möglichst breite Hörerschichten zu erreichen, begannen die Privatsender frühzeitig damit, ihr Programm zu „formatieren". Unter Formatradio nach amerikanischem Vorbild versteht man

> „1. [die] musikalisch und altersmäßig stärkere Einengung der Zielgruppe als bei den Musik- und Servicewellen der ARD, 2. [die] konsequente ‚Durchhörbarkeit' der Programme, 3. [die] Orientierung an Stundenrastern, die genau die Platzierung und die (Mach-)Art einzelner Programmelemente vorgeben, 5. [die] Beschränkung der Musikauswahl auf einen überschaubaren Kanon an Titeln, die sich in relativ kurzen Abständen wiederholen, 6. [die] Abstimmung wirklich aller Programmelemente, von der Art der Moderation über die Sprache der Nachrichten bis hin zur Aggressivität der Musik, auf das jeweilige Gesamtkonzept" (ebd.: 223).

Das erfolgreichste Format in der Bundesrepublik nennt sich „Adult Contemporary" und bietet – der Bezeichnung entsprechend – die beliebteste Musik aus den letzten drei Jahrzehnten und wendet sich an eine Zielgruppe zwischen 14 und 49 Jahren. Daneben gibt es in einigen Bundesländern – v.a. in Ballungsräumen – auch zielgruppenspezifischere Sender, die nur klassische Musik, Rock oder Jazz spielen oder gezielt ein sehr junges Publikum ansprechen. Auf die erfolgreiche private Konkurrenz reagierten die öffentlich-rechtlichen Sender mit einer weiteren Ausdifferenzierung ihres Angebotes. Der Westdeutsche Rundfunk richtete beispielsweise seine erste Welle gänzlich auf eine jugendliche Zielgruppe aus (EinsLive) und etablierte mit WDR 5 eine so genannte Infowelle. Dadurch gelingt es den Anstalten, die einzelnen Sender stärker auf bestimmte Zielgruppen auszurichten, ohne den gesetzlichen Auftrag der Grundversorgung zu verletzen. Mittlerweile senden in der Bundesrepublik 67 öffentlich-rechtliche und 268 private Stationen (Rabe/Jakobs 2005: 17), wobei sich der überwiegende Teil der Sender mit einem massenattraktiven Mainstream-Musikprogramm an die vielzitierte werberelevante Zielgruppe der 14- bis 49-Jährigen wendet. Nur 12 Prozent der kommerziellen Programme

---

60 In den fünfziger Jahren – direkt nach dem Ende der alliierten Funkhoheit – plante die damalige CDU-Bundesregierung schon einmal die Einführung von privatem, werbefinanziertem Hörfunk. Doch die Pläne zur Zulassung privater lokaler Sender mit geringer Strahlungsleistung im UKW-Bereich scheiterten an der starken Lobby der Zeitungsverleger (Widlok 1994a: 136).

sind Spartensender. Der Grund dafür ist die Tatsache, dass die meisten Privatsender lediglich auf einer Frequenz senden (können). Das wirtschaftliche
Risiko, mit einer falschen, zu engen „Formatierung" nicht genügend Rezipienten anzusprechen, ist für die Stationen zu groß (Handel 2002: 17).

Betrachtet man den Informationsanteil der öffentlich-rechtlichen und privaten Programme, so lassen sich extreme Schwankungen von annähernd Null bei
den Spartenmusikkanälen bis nahezu 100 Prozent bei den Informationspro-
grammen feststellen. Im Durchschnitt aller Programme liegt der Anteil „bei
eher zwanzig denn bei dreißig Prozent" (Blödorn/Gerhards/Klingler 1999: 89;
vgl. dazu auch Kapitel 2.3). Als eine der Konsequenzen der Formatierung –
und zur Verbesserung der „Durchhörbarkeit" – auch öffentlich-rechtlicher
Sender hat sich die Präsentation der Informationen vor allem außerhalb der
Nachrichten gewandelt. Sie sind oftmals durch Jingles und Musikbetten
„verpackt".[61] Die Hörfunknachrichten besonders der Mehrheitsprogramme
werden – abgesehen von „News Opener und News Closer im Stile moderner,
formatgerechter Olympiafanfaren" (Stümpert 1999: 166) – nach wie vor
„trocken" gelesen, manche Stationen setzen lediglich auf akustische Signale[62]
zur Abgrenzung der einzelnen Meldungen. Die Wetter- und Verkehrsmeldun-
gen allerdings werden in den meisten Fällen ebenfalls „verpackt".

Zu heftigen Kontroversen unter Hörfunkjournalisten[63] bis weit in die 90er
Jahre hinein sorgte jedoch eine andere stilistische Neuerung: die Verwendung
von so genannten Original-Tönen (O-Tönen) in Nachrichtensendungen, dann
O-Ton-Nachrichten genannt. Diese können folgende Elemente beinhalten:
reine Textmeldungen, Textmeldungen, die durch O-Töne ergänzt werden, O-
Töne, die durch Texte (meist nur An- oder Abmoderationen) ergänzt werden.
Original-Töne können Korrespondentenberichte, kommentierende Berichte,
Statements, Kurzinterviews oder auch Kurz-Reportagen sein (Buchholz 1995:
160). Auch wenn Original-Töne bereits in den 70er Jahren in Hörfunknachrichten verwendet wurden, verhalfen ihnen erst die Privatsender zum Durchbruch
(ebd.). Die Befürworter betonen die Lebendigkeit, Authentizität und den
Eindruck der unmittelbaren Teilhabe am Geschehen, die O-Töne vermitteln;
die Gegner sehen durch ihren Einsatz die Objektivität und die Verständlichkeit
der Nachrichten gefährdet. Außerdem könnte es passieren, dass die Bedeutung

---

[61] Jingles, so schreibt Walther von LaRoche, „verbinden und trennen Programmbestandteile, kündigen eine Sendung an, sagen die Station, manchmal die Frequenz, den Namen der Sendung und den Namen ihres Gestalters" (LaRoche 1997: 194f). In der Regel sind Jingles nicht länger als sechs Sekunden.

[62] Ein akustisches Signal („Sounder") dient dazu, ein wichtiges Programmelement [...],
z.B. Nachrichten, Schlagzeilen oder Verkehr" (LaRoche/Buchholz 1997: 203) anzukündigen.

[63] Vgl. dazu die Dokumentation eines Streitgesprächs zwischen Martin Müller,
damaliger Chef der SWF-Hörfunknachrichten und Christoph Lemmer, Chefredakteur
des n.s.r. Nachrichtennetworks (Buchholz/Müller/Lemmer 1995).

einzelner Meldungen durch die Verfügbarkeit eines O-Tons durch den Hörer überschätzt wird (ebd.: 161).[64]

Im Westdeutschen Rundfunk werden O-Ton-Nachrichten sowohl bei Eins-Live als auch bei WDR 2 eingesetzt. Klassische Wortnachrichten, die nur von einem Sprecher verlesen werden, kommen bei WDR 3, 4 und 5 zum Einsatz (Haas 2005). Radio NRW verwendet in den stündlichen Nachrichten durchgehend O-Töne.

Am Ende dieses Abschnitts folgen noch einige Anmerkungen zur Reichweite und Nutzung des Hörfunks. Die Entwicklung sowohl der Reichweite als auch der Nutzungsdauer des Hörfunks zeigen, dass die beschriebene Renaissance des Hörfunks in den 70er Jahren kein kurzfristiges Phänomen war. Laut den Ergebnissen der Langzeitstudie Massenkommunikation (Ridder/Eimeren/Engel 2002) ist die Reichweite des Hörfunks in den letzten Jahrzehnten – bis auf einen geringfügigen Rückgang 1995 – kontinuierlich gestiegen und lag im Jahr 2000 gleichauf mit dem Fernsehen. 85 Prozent aller deutschen Erwachsenen schalteten 2000 jeden Werktag das Radio ein (Ridder, Eimeren, Engel 2002: 30ff). Eine ähnliche Entwicklung zeigt sich auch bei der Nutzungsdauer: sie stieg von 73 Minuten im Jahr 1970 auf den bisherigen Höchststand von 206 Minuten – also deutlich mehr als drei Stunden – täglich (ebd.: 40), elf Minuten länger als das Fernsehen. Die Autoren der Studie erklären den Anstieg mit der veränderten Angebotsstruktur, also der Unterhaltungsorientierung der öffentlich-rechtlichen Programme einerseits und der Einführung der Privatsender andererseits, und mit den veränderten Nutzungsgewohnheiten, der Entwicklung des Mediums zum „Tagesbegleiter" (ebd.). Nach den Ergebnissen der Media Analyse (MA)[65] ist die Nutzungsdauer nach dem Höhepunkt 2000 leicht rückläufig und stagniert seit 2003 bei 196 Minuten auf hohem Niveau (ARD 2005a). Die Zahl der „Hörer gestern" schwankt von 2001 bis 2004 zwischen 79 und 80 Prozent (ebd.).

Eine der Stärken des Hörfunks liegt offensichtlich in der sowohl zeitlich als auch räumlich extrem flexiblen und variablen Nutzbarkeit des Mediums. Das zeigt sich u.a. daran, dass – im Vergleich zu anderen Medien – mit knapp eindreiviertel Stunden die meiste Zeit außerhalb der Freizeit mit dem Radio verbracht wird; insgesamt finden 70 Prozent der Hörfunknutzung im Haus, 33 Prozent außerhalb dessen statt (Lindner-Braun 1998b: 42). Marianne Blumers bezeichnet die Nutzung des Radios als „stark habitualisiert", da „nahezu alle Hörer, die morgens zwischen 5 und 8 Uhr Radio hören (53,4 Prozent der Radiohörer), [...] regelmäßig von Montag bis Freitag dabei" (Blumers 1998: 96) sind. Dafür spricht auch die Tatsache, dass die Zahl der täglich im Durch-

---

[64]   Vgl. dazu auch Schmidt 1991.

[65]   Die Media Analyse (MA) wird von der Arbeitsgemeinschaft Media Analyse e.V., in der sich Hörfunk- und Fernsehsender, Verlage, Agenturen und Werbetreibende zusammengeschlossen haben, zweimal jährlich erhoben und ist u.a. die Grundlage zur Berechnung der Werbepreise.

schnitt genutzten Sender seit Jahren konstant bei 1,3 liegt (Lindner-Braun 1998b: 51).

Auch wenn sich die Nutzungskurve im Tagesverlauf mittlerweile nivelliert hat, liegt der Höhepunkt nach wie vor in den Morgenstunden. Bis zum Mittag bleibt sie relativ konstant, fällt bis 14 Uhr und bleibt dann bis 18 Uhr konstant; erst danach verliert der Hörfunk nahezu alle Nutzer (Ridder/Eimeren/Engel 2002: 52). Am Wochenende jedoch sinkt die Reichweite des Mediums seit den 80er Jahren kontinuierlich (Lindner-Braun 1998b: 48). Aufgrund der starken Abweichung der Hörfunknutzung am Wochenende vom Rest der Woche beschränken sich einige Erhebungen wie das so genannten SDR-Demometer nur auf die Werktage (Blumers 1998: 95).

Der Vergleich von WDR 2 und Radio NRW zeigt die eindeutige Vormachtstellung der Privatsender in Nordrhein-Westfalen. Nach der letzten MA[66] erreichte Radio NRW mit den einzelnen Lokalsendern mit 4,7 Millionen „Hörern gestern" (7,2 Prozent; ARD 2005c) fast doppelt so viele wie die zweite Welle des Westdeutschen Rundfunks mit 2,6 Millionen Hörern (2,6 Prozent; ARD 2005b). Selbst der reichweitenstärkste öffentlich-rechtliche Sender, WDR 4, erreicht nur 3,1 Millionen Hörer (4,7 Prozent; ebd.). Lediglich die Summe aller fünf öffentlich-rechtlichen Wellen schlägt die Privaten mit acht Millionen Hörern (12,3 Prozent; ebd.).

2.2 Rechtliche Rahmenbedingungen

Der zweite Abschnitt dieses Kapitels widmet sich den rechtlichen Rahmenbedingungen für den Hörfunk. Im Mittelpunkt stehen dabei die rechtlichen Anforderungen sowohl an öffentlich-rechtliche, wie auch an private Sender.

Nach dem Urteil des Bundesverfassungsgerichts aus dem Jahre 1986 ist „die unerlässliche Grundversorgung Sache der öffentlich-rechtlichen Anstalten, deren terrestrische Programme nahezu die gesamte Bevölkerung erreichen und die zu einem umfassenden Programmangebot in der Lage sind" (BVerfGe 1986: 213). Der Begriff der „Grundversorgung" wurde im Urteil vom 24.03.1987 konkretisiert: „1) Der Empfang ist für alle sichergestellt. 2) Der inhaltliche Standard entspricht dem Auftrag des Rundfunks. 3) Die Darstellung der bestehenden Meinungsvielfalt ist wirksam gesichert" (Schumacher 1987: 418). Die Erfüllung dieser „Grundversorgung" bedeutet für Vollprogramme entsprechend dem Programmauftrag des öffentlich-rechtlichen Rundfunks eine garantierte Versorgung mit „Information, Bildung, Beratung und Unterhaltung" (Rundfunkstaatsvertrag 1991, § 2,1). Das Bundesverfassungsgericht ist jedoch der Auffassung, dass die Grundversorgung durch die öffentlich-rechtlichen Anstalten nicht von einem Programm allein gewährleistet werden kann, sondern dass es einer Mehrzahl an Programmen bedarf (Radeck 1997: 154). Dementsprechend muss nicht jedes Programm oder sogar jede Sendung den

---

[66]   Media-Analyse 2005 Radio II, veröffentlicht am 19.07.2005.

Programmauftrag erfüllen, auch zielgruppenspezifische öffentlich-rechtliche Programme sind zulässig (ebd.).

Der Programmauftrag gilt jedoch „nach den Feststellungen des Bundesverfassungsgerichts und diesem folgend des Gesetzgebers [...] für öffentlich-rechtlichen und privaten Rundfunk gleichermaßen" (Kiefer 1996: 84).[67] Auch sie sind in ihrer Berichterstattung zur Ausgewogenheit und Repräsentation der Meinungsvielfalt verpflichtet. Lediglich die Ansprüche an die Erfüllung dieses Auftrages bezüglich der Breite des Programmangebotes und der Sicherung der Vielfalt können unterschiedlich ausfallen (Widlok 1994: 137).

Die Kontrolle des öffentlich-rechtlichen und privaten Rundfunks ist bundesweit nicht einheitlich geregelt, da Rundfunkrecht Landesrecht ist. In Nordrhein-Westfalen sind zwei unterschiedliche Gremien für die Rundfunkaufsicht des Westdeutschen Rundfunks und der privaten Lokalsender – und somit auch von Radio NRW – zuständig. Das wichtigste Aufsichtsgremium des WDR ist der Rundfunkrat, in dem 43 Vertreter aller gesellschaftlich relevanten Gruppen die Erfüllung des Programmauftrags kontrollieren (WDR 2005c; WDR 2005d). Für die Kontrolle der Privatsender ist die so genannte Medienkommission, ein Organ der Landesanstalt für Medien Nordrhein-Westfalen (LfM) verantwortlich (LfM 2005). Genau wie der Rundfunkrat ist die Medienkommission ein plural zusammengesetztes Gremium mit 25 ehrenamtlichen Mitgliedern (ebd.).

An der öffentlich-rechtlichen Rundfunkaufsicht wird häufig dessen parteipolitische Besetzung und der daraus resultierende Einfluss kritisiert; am System der Kontrolle des privaten Rundfunks wird beanstandet, dass öffentlich-rechtliche Gremien private Unternehmen beaufsichtigen und dementsprechend wenig bewirken können. Vor allem fehlt den ehrenamtlichen Mitgliedern nach Ansicht der Kritiker oftmals die nötige Kompetenz für eine effektive Arbeit.[68] Des Weiteren konzentrieren sich sowohl die Kontrollorgane der öffentlich-rechtlichen Anstalten als auch der Landesmedienanstalten in ihrer Arbeit überwiegend auf das Fernsehen (Lindner-Braun 1998b: 26).

2.3   Forschungsstand

Bereits mehrfach wurde auf die Vernachlässigung des Hörfunks in der Forschung hingewiesen (vgl. Einleitung und Kapitel 1.4), die sich nicht nur auf empirische Analysen beschränkt. Denn trotz eines auf den ersten Blick reichhaltigen Angebots an Radio-Literatur sind „die medientheorethischen Fundamente bezüglich des Hörfunks außerordentlich dünn, brüchig und lückenhaft" (Schröter 1995: 122). Auch nach Ansicht von Christa Lindner-Braun erhält das

---

[67]   Vgl. dazu auch die entsprechenden Passagen im LMG NRW; Paragraph 53 legt beispielsweise fest, dass es in NRW keine zielgruppenspezifischen privatkommerziellen Programme geben darf. Programmauftrag und -grundsätze des WDR finden sich in §4, 4a und 5 des WDR-Gesetzes.

[68]   Vgl. ausführlich und kritisch zur Rundfunkaufsicht und -regulierung Jarren 1997.

Radio nicht die seiner Bedeutung angemessene wissenschaftliche Beachtung (Lindner-Braun 1998b: 26). Betrachtet man die geografische Verteilung, so lässt sich ein Nord-Süd-Gefälle feststellen. Deutlich mehr Arbeiten beschäftigen sich mit dem Hörfunk in südlichen Bundesländern wie Bayern oder Baden-Württemberg. Außerdem untersuchen etliche Studien das Rezeptionsverhalten (Blumers 1998; Simon 1998; Scherer 1997; Schenk/Gralla/Neuber 1997; Hasebrink 1994), was darin begründet liegen mag, dass Hörfunkforschung oft im Auftrag von einzelnen öffentlich-rechtlichen Anstalten oder auch Organisationen wie des Verbands Privater Rundfunk und Telekommunikation (VPRT), der Interessenvertretung privater elektronischer Medienunternehmen, stattfindet, die natürlich aus ökonomischen Gründen ein viel stärkeres Interesse an der Erforschung ihrer „Kundschaft" als am eigenen Programm haben.

Im Folgenden werden die zentralen Forschungsergebnisse von Programmstruktur- und Inhaltsanalysen des Hörfunks aus den letzten Jahren vorgestellt. In einem – nach eigenen Angaben verkürzten – Überblick der Forschungsliteratur kommt Frank Marcinkowski zu dem Schluss, dass bei den öffentlich-rechtlichen Sendern weder der Wortanteil selbst noch die „speziellen Leistungen im Bereich politischer Information gelitten haben" (Marcinkowski 1998: 173). Privatradios zeichnen sich grundsätzlich durch einen geringeren Wortanteil aus und räumen Serviceinformation, so genannten vermischten Themen und kultureller Information mehr Platz im Programm ein; politische Themen spielen außerhalb der Nachrichten kaum eine Rolle (ebd.: 173f). Zu ähnlichen Ergebnissen kommen auch Studien über den Hörfunk in Baden-Württemberg und Bayern (Simon 1998: 195; Eichhorn/Rieß/Scherer 1996; Stuiber 1990: 32). In einer Programmstrukturanalyse von fünf lokalen Hörfunkfrequenzen in München, auf denen neun kommerzielle Stationen senden, fand Detlef Schröter heraus, dass im Durchschnitt 75 Prozent der Sendezeit mit Musik gefüllt sind und die Wortbeiträge im Durchschnitt lediglich 28 Sekunden lang sind. Dazu gehören jedoch nicht nur Nachrichten und Moderationen, sondern auch Werbung, Jingles und Trailer[69] (Schröter 1995: 134). Vor allem Letztere werden exzessiv eingesetzt (ebd.). Außerdem kommen 60-88 Prozent der Wortbeiträge ohne viel Produktionsaufwand und somit kostengünstig „live aus dem Studio" (ebd.). Zusammenfassend kommt Schröter zu dem Schluss, dass eine Minimalversorgung mit aktueller Information bei allen Sendern gewährleistet ist. Außerhalb der Nachrichten konstatiert er jedoch die fehlende Beachtung von handwerklichen journalistischen Standards (ebd.: 136). Seiner Ansicht nach sehen sich die Privatsender

> „lediglich als Stimmungsregler, nicht aber als Problemlöser, als unverbindlicher Begleiter durch den Alltag, nicht aber als Dienstleister für die Aufgabenbewältigung dieses Alltages [...] [vor allem machen] die „Programmkonzepte [...] von den innovativen Möglichkeiten wenig Gebrauch [...], die das Medium technisch, formal und stilistisch eröffnet" (ebd.: 136f).

---

[69] Trailer definiert Michael Bollinger als einen „Programmbeitrag, der im engeren Sinne für eine spezielle Sache wirbt" (Bollinger 1997: 206).

Heinz-Werner Stuiber formuliert die Unterschiede in der Darbietung der Information positiver: sie „ist variantenreicher und weniger an den eingespielten Formen orientiert, die man vom öffentlich-rechtlichen Rundfunk gewohnt ist" (Stuiber 1990: 32). Vergleichbare Resultate ergab eine Inhaltsanalyse der Nachrichten norddeutscher Sender und des Deutschlandfunks (DLF) Ende der 80er Jahre von Wilfried Scharf und Wolfgang Büning. Neben der Präsentationsform unterscheiden sich Öffentlich-rechtliche und Private vor allem in der Faktendimensionierung. Der Anteil der politischen Nachrichten ist ihrer Ansicht nach vergleichbar (Scharf/Büning 1989: 28f). Neben der Bestätigung der dargestellten Ergebnisse aus der Startphase des Privatradios in der Bundesrepublik kommen Peter Bargstedt und Ralph Weiß nach einer Inhaltsanalyse der Sender DLF, NDR 2, RTL und Süddeutschem Rundfunk im Jahre 1984, die sich auf das thematische Angebot, die Akteure und den Nachrichtenstil der Morgennachrichten konzentrierte, zu dem Schluss, dass vor allem Meldungen aus dem Inland von Akteuren aus dem politisch-administrativen System beherrscht werden (Bargstedt/Weiß 1987: 164). Eine der wenigen Analysen der publizistischen Leistungen der nordrhein-westfälischen Lokalsender von 1993, die drei Privatsender mit der örtlichen Tagespresse verglich (Weiß/Rudolph/Classen 1993) und in deren Mittelpunkt die Vielfalt und Pluralität sowie die Faktendimensionierung der Berichterstattung stand, sah keine gravierenden Unterschiede zwischen Presse und Hörfunk, dafür jedoch aufgrund des Einsatzes von O-Tönen und Interviews ein „ausgeprägtes Artikulationsübergewicht der politischen Elite" (ebd.: 96) im Radio. Dementsprechend ist ihrer Ansicht nach eines der Ziele, das mit der Etablierung des „Zwei-Säulen-Modells" erreicht werden sollte, die Steigerung der Vielfalt in der Berichterstattung – anders ausgedrückt die „Erweiterung des gängigen Problemlösungshorizonts" (ebd.) – verfehlt worden.

Bei diesen frühen Studien ist allerdings zu berücksichtigen, dass die Aussagekraft ihrer Ergebnisse aufgrund der dynamischen Entwicklung des Privatfunks für die heutige Situation relativ gering ist und sie vor allem aus einer historischen Perspektive von Interesse sind.

So verwundert es nicht, dass eine Programmstrukturanalyse von Antenne – Das Radio, Antenne Mecklenburg-Vorpommern, OK Radio, Radio ffn, Radio Hamburg, Radio Schleswig-Holstein, NDR 2 und N-Joy Radio aus den Jahren 1994 und 1995 zu gänzlich anderen Ergebnissen kommt. Merten, Gansen und Götz resümieren, dass sich

> „die Programmstruktur der zwei hier analysierten Programme des NDR, *NDR 2* und *N-Joy Radio*, [...] im Mittel der im norddeutschen Raum konkurrierenden privaten Hörfunksender in wesentlichen Kennwerten nur mehr geringfügig unterscheiden (*NDR 2*) oder diese sogar unterlaufen (*N-Joy Radio*)" (Merten/Gansen/Götz 1995: 75).

Die Autoren sehen in dieser Entwicklung eine Verletzung des Programmauftrags des öffentlich-rechtlichen Hörfunks, da dieser „wie am Beispiel *N-Joy Radio* sichtbar – nicht einmal mehr die Mindestanforderungen erfüllt, die an den privaten Rundfunk gestellt werden" (ebd.: 78). Die Strategie der meisten öffentlich-rechtlichen Anstalten besteht ihrer Ansicht nach darin, neue Wellen mit zum Teil hohen Wortanteilen zu etablieren, um gleichzeitig andere Programme in der Gestaltung und bezüglich des Verhältnisses von Wort und Musik an die Privatradios angleichen zu können, ohne den gesamten Wortanteil aller Wellen zu verringern.

Allerdings wurden die Ergebnisse von Merten/Gansen/Götz in einer Analyse der Programmstruktur, der Informationsleistung und der Regionalberichterstattung niedersächsischer Radiosender von 1998 nicht bestätigt (Trebbe/Maurer 1999). Joachim Trebbe und Torsten Maurer untersuchten alle fünf Wellen des NDR[70] sowie die privaten Vollprogramme Hit-Radio Antenne, Radio ffn und die aus anderen Bundesländern einstrahlenden Stationen Radio Brocken, Radio Hamburg und Radio SAW (Sachsen Anhalt) in einer natürlichen Kalenderwoche 1998 (ebd.: 51). Bezüglich der Programmstruktur kommen sie zu dem Schluss, dass der Wortanteil von NRD 2 „im Gesamtprogramm deutlich vor den zwei privaten Anbietern aus Niedersachsen" (ebd.: 107) liegt. Auch die Analyse der Informationsleistung der Sender geht in die gleiche Richtung: mit einem Anteil von acht Prozent Nachrichten am Gesamtprogramm liegt NDR 2 vor Radio ffn (vier Prozent) und Hit-Radio Antenne (fünf Prozent) (ebd.). Die beiden Autoren konstatieren insgesamt eine „Marginalisierung der journalistischen Beiträge in den privaten Programmen" (ebd.). Von besonderem Interesse sind die Unterschiede bei politischen und gesellschaftlich kontrovers diskutierten Themen. Sie stehen sowohl bei NDR 2 als auch bei Hit-Radio Antenne und Radio ffn an erster Stelle der informierenden Wortbeiträge (ebd.: 108). Es bestehen jedoch Differenzen im Abstand zu den anderen Themenbereichen. Bei Hit-Radio Antenne und NDR 2 mit einem Anteil von 45 bzw. 52 Prozent der Informationsbeiträge liegt ein deutlicher Abstand zur Thematisierung von unpolitischen Sachverhalten und der so genannten Human Touch-Berichterstattung vor. Im Programm von Radio ffn wird nahezu gleichwertig über Human Touch-Themen (32 Prozent) und politische Sachverhalte bzw. Ereignisse (34 Prozent) berichtet (ebd.).[71] In der Nachrichtenberichterstattung ähneln sich die Auswahlmechanismen bezüglich der behandelten Themen. Politische Themen stehen – gefolgt von nichtpolitischen Sachthemen und Human Touch-Themen – an erster Stelle (ebd.). Zusammenfassend kommen Trebbe und Maurer zu dem Ergebnis, dass der

> „starke Konkurrenzkampf zwischen Hit-Radio Antenne und Radio ffn auf der einen Seite und mit den öffentlich-rechtlichen Programmen des Norddeutschen Rundfunks auf der anderen Seite [...] bei beiden Programmen dazu geführt [hat], dass durch eine starke Formatierung eine möglichst streuungsarme Zielgruppenansprache angestrebt wird" (ebd.: 110).

Dem Norddeutschen Rundfunk wird für die Hörfunklandschaft Niedersachsens ein starker „Gestaltungseinfluss" (ebd.: 111) zugeschrieben.

---

[70] Dazu gehören NDR 1, NDR 2, Radio 3, N-Joy und NDR 4 Info.

[71] Es muss jedoch berücksichtigt werden, dass der Politikbegriff bei Trebbe und Maurer nicht so exakt definiert ist, wie in dieser Arbeit. Eine Nachricht gilt dann als politisch, „sobald *Politiker, das politische System oder politische Institutionen* genannt werden [...] [oder wenn es um ein Thema geht, das *öffentlich kontrovers* diskutiert wird" (Trebbe/Maurer 1999: 256).

Neben der Analyse der Informationsleistung kann das Instrument der Inhaltsanalyse auch dazu dienen, sowohl die Verständlichkeit als auch das Erinnern von Hörfunknachrichten zu untersuchen. Eine derartige Studie stammt von Klaus Schönbach und Lutz Goertz, die die Nachrichten von elf empfangbaren Sendern in Hamburg in den Jahren 1993 und 1994 analysierten (Schönbach/Goertz 1995). Neben der Inhaltsanalyse führten sie Interviews mit 60 Versuchspersonen und kamen zu teilweise überraschenden Ergebnissen. Nach Ansicht der Autoren sind „erinnerungsfördernde Nachrichten [...] ein Balanceakt" (ebd.: 110). Grundsätzlich lässt sich sagen, dass diejenige thematische und stilistische Gestaltung, die bei den Rezipienten als attraktiv gilt, nicht unbedingt der Erinnerung dienlich ist (ebd.: 111). Die abwechslungsreiche Gestaltung, also z.B. O-Töne von Korrespondenten und Akteuren sowie kurze und knackige Meldungen, erhöht zwar Interesse und Aufmerksamkeit der Zuhörer, fördert jedoch nicht das Verstehen und Behalten des Inhalts.[72] Hilfreich dafür ist dagegen eine einfache Gestaltung, wenige aber dafür etwas längere Meldungen, Wiederholungen sowie eine langsame Sprache; positiv wirkt auch der Einsatz von Schlagzeilen (ebd.: 110). Außerdem sollten Nachrichten klar von den anderen Programmteilen unterscheidbar sein und ihr Informationscharakter betont werden (ebd.: 107). Schönbach und Goertz kommen zu dem Schluss, dass

> „eine gefällige Nachrichtensendung, die zugleich ihre Informationsaufgabe erfüllt, [...] schwieriger zu machen [ist] als von Manchen vielleicht schon befürchtet. Hier gilt es bei der Konzeption von Nachrichten also durchaus Prioritäten zu setzen - dass sie nicht immer zugunsten eines glatten Programmablaufs, zugunsten möglichst unauffälliger Nachrichten fallen mögen, bleibt zu hoffen" (ebd.: 111).

In einer umfassenden und komplexen Studie, in der sowohl 58 deutsch- und englischsprachige Arbeiten ausgewertet, als auch zahlreiche Experimente mit mehr als 130 Teilnehmern durchgeführt wurden, kommt der Autor Andreas Kindel zu ähnlichen Ergebnissen (Kindel 1998). Er bestätigt den Einfluss von Sprechtempo auf die Erinnerung genauso wie die negative Wirkung von O-Tönen, die tendenziell die Erinnerungsleistung für die folgende Meldung (ebd.: 243f) verringern. Eine positive Wirkung haben dagegen der Einsatz von Schlagzeilen sowie die Platzierung einer Nachricht an den Anfang der Sendung (ebd.: 243). Vor allem die Nebenbeschäftigungen während der Nutzung des Mediums beeinträchtigen die Erinnerungen von Details signifikant. Insgesamt kommt Kindel zu dem ernüchternden Ergebnis, dass „weite Teile einer Nachrichtensendung direkt nach der Präsentation nicht mehr wiedergegeben werden" (ebd.: 244) konnten.

---

[72] Auch Christoph Haaß weist in einer Analyse der Nachrichtenberichterstattung des Privatsenders Radio FFH und dem Hessischen Rundfunk (HR) von 1994 auf die negativen Einflüsse von O-Tönen bezüglich der Verständlichkeit von Nachrichten hin (Haaß 1994). Den Grund dafür sieht er in ihrer oft komplizierten Sprache und der hohen Informationsdichte; er hält die Nachrichten des HR ohne O-Töne für ausführlicher und präziser (ebd.: 104f).

3. Entwicklung eines Forschungsdesigns

Im folgenden Kapitel erfolgt die Entwicklung und Darstellung des Forschungsdesigns zur vergleichenden Analyse der Informationsleistung der Hörfunknachrichten des öffentlich-rechtlichen Senders WDR 2 und des Rahmenprogrammanbieters Radio NRW. An die Vorstellung der Methode der vergleichenden
Inhaltsanalyse und der Begründung der Entscheidung für diese Methode
schließt sich ein Abschnitt zu forschungspraktischen Entscheidungen an. Der
dritte Teil widmet sich der Operationalisierung der in Kapitel 1.4 dargelegten
Hypothesen.

3.1 Methode der Inhaltsanalyse

Mit dem Begriff der Inhaltsanalyse werden verschiedene Forschungsmethoden
der empirischen Sozialforschung bezeichnet, die sich auf Merkmale von
Texten beziehen. Diese Methoden unterscheiden sich jedoch in ihren Perspektiven und Zielsetzungen. Dementsprechend existieren auch unterschiedliche
Definitionen des Verfahrens. Werner Früh definiert die Inhaltsanalyse als eine
„empirische Methode zur systematischen, intersubjektiv nachvollziehbaren
Beschreibung inhaltlicher und formaler Merkmale von Mitteilungen" (Früh
2001: 25). Im Gegensatz zu diesem eher deskriptiv orientierten Ansatz, in
dessen Mittelpunkt wissenschaftliche Kriterien wie Systematik und Intersub-
jektivität stehen, betont Klaus Merten die Möglichkeit der Rückschlüsse auf
Bedeutungen der untersuchten Texte. Er definiert demzufolge die Inhaltsanalyse als „Methode zur Erhebung sozialer Wirklichkeit, bei der von Merkmalen
eines manifesten Textes auf Merkmale eines nichtmanifesten Kontextes
geschlossen wird" (Merten 1995: 15).[73] Sowohl Merten als auch Früh bezeichnen – jenseits der graduellen Unterschiede – die Inhaltsanalyse als eine
Methode, die formale, inhaltliche und „verborgene" Strukturmerkmale eines
Textes offen legt. Dabei werden unter dem Begriff „Text" nicht nur gedruckte
Texte z.B. aus Tageszeitungen, Reden und anderen Dokumenten, sondern
sämtliche Formen von textlichen, auditiven oder visuellen Botschaften verstanden (Brosius/Koschel 2001: 157). Neben anderen berücksichtigt Mayering
diesen Aspekt in seiner weiter gefassten Definition der Inhaltsanalyse, die die
Grundlage dieser Arbeit darstellt. Er führt vier Charakteristika auf, die für eine
systematische Inhaltsanalyse kennzeichnend sind:

> „[1.] Inhaltsanalyse ist die Analyse von *fixierter Kommunikation*. [2.] In-
> haltsanalyse zeichnet sich durch eine *systematische Vorgehensweise* aus.
> [3.] Die systematische Vorgehensweise einer Inhaltsanalyse impliziert ein
> *theorie- und regelgeleitetes* Verfahren. [4.] Das Ziel einer Inhaltsanalyse
> ist es, *Rückschlüsse* auf bestimmte Aspekte der Kommunikation zu zie-
> hen" (Mayring 1995; zitiert nach Wegener 2001: 146).

---

[73]   Zu Recht weisen Hans-Bernd Brosius und Friederike Koschel darauf hin, dass man
„Textinhalte nur schwer danach beurteilen [kann], welche Inhalte latent oder manifest
im Sinne eines ‚common-meaning-ground' sind" (Brosius/Koschel 2001: 159). Selbst
auf den ersten Blick ganz einfache Aussagen können in einem konkreten Kontext eine
latente Bedeutung haben, die nur aus dieser Situation ersichtlich wird.

© Springer Fachmedien Wiesbaden GmbH, ein Teil von Springer Nature 2007
A. Primavesi, *Hörfunknachrichten im Wandel*, Edition KWV,
https://doi.org/10.1007/978-3-658-24700-3_4

Der Vorteil der Inhaltsanalyse liegt darin, dass große Textmengen anhand weniger bestimmter Merkmale analysiert werden können, um zu objektiven und systematischen – also intersubjektiv nachvollziehbaren – Aussagen zu kommen (ebd.: 162). Ziel der Inhaltsanalyse ist es, Schlüsse auf den Kontext der Berichterstattung, Motive und Einstellungen der Kommunikatoren oder eine mögliche Wirkung auf die Rezipienten der Medien zu ziehen (ebd.: 163). Letzteres ist jedoch nur dann möglich, wenn bereits Rezipientenstudien vorliegen, die in die Analyse einfließen (Wegener 2001: 145). Nach Ansicht von Brosius und Koschel stellt die politische Kommunikation das bedeutendste Feld der Inhaltsanalyse dar, da die Art und Weise

> „wie Medien über Politik berichten, [...] für eine Gesellschaft, in der wir fast alle politischen Sachverhalte und Personen nur über Medien vermittelt bekommen, eine ganz zentrale Rolle für unsere Gesellschaft [spielt]" (Brosius/Koschel 2001: 167).

Einer der Vorteile dieser Methode liegt darin, dass sie allgemein als nicht-reaktives Verfahren gilt (ebd.: 171). Darunter ist zu verstehen, dass sich der Untersuchungsgegenstand – fixierte Kommunikation – unabhängig davon, wann und wie oft man ihn analysiert, nicht verändert. Aus den Ausführungen in Kapitel 1.3 und 1.4 ist bereits deutlich geworden, dass das Ziel der Arbeit darin besteht, am Ende Aussagen sowohl über den Kontext als auch den Kommunikator machen zu können. Dazu dient eine quantitative Inhaltsanalyse der Nachrichtenberichterstattung des öffentlich-rechtlichen Senders WDR 2 mit dem privaten Rahmenprogrammanbieter Radio NRW. Da sich präsentative Merkmale der Sendungen aufgrund ihrer Konstanz nur sehr eingeschränkt für eine standardisierte und quantifizierende Erfassung eignen, diese aber für den Vergleich durchaus Relevanz besitzen (Bruns/Marcinkowski 1997: 40), erfolgt diese qualitative Analyse unabhängig von der Inhaltsanalyse in Kapitel 4.1. In der vorliegenden Untersuchung wird die Berichterstattung von zwei verschiedenen Informationsanbietern analysiert, so dass sie als vergleichende Inhalts-analyse bezeichnet werden kann (Merten 1995: 150). Das dazu notwendige Kategorienschema, in dem definiert wird, was gemessen werden soll und so die Überprüfung der Hypothesen möglich ist, wird in Kapitel 3.3 entwickelt. Daraus entsteht das Codebuch, dass sämtliche Handlungsanleitungen für die Durchführung der Inhaltsanalyse enthält und anhand dessen die Untersuchung des empirischen Materials durch die Codierer erfolgt.

3.2   Anmerkungen zum Untersuchungsmaterial

Nach Vorstellung und Begründung der methodischen Wahl erläutert dieses Kapitel die Auswahl des Untersuchungsmaterials – genauer: des Untersu-chungszeitraums und der Analyseeinheiten – sowie andere forschungsprakti-sche Entscheidungen. Gegenstand der Analyse sind die stündlichen Hörfunk-nachrichten von WDR 2 und dem Rahmenprogrammanbieter Radio NRW, der Lokalsender in Nordrhein-Westfalen u.a. mit stündlichen Nachrichten beliefert. Die ausführliche Begründung der Entscheidung sowohl für das Medium Hörfunk als auch die Sendeform Nachrichten sowie die beiden Programmanbieter erfolgte bereits im Zwischenfazit (Kapitel 1.4). Die Arbeit konzentriert sich auf die stündlichen Nachrichten, da die Ausgaben der privaten Lokalsender zur halben Stunde schwerpunktmäßig über lokale und regionale Ereignisse und Themen berichten. Das erschwert Aussagen für das gesamte Bundesland insofern, als dass dann die Nachrichten aller einzelnen Sender einbezogen werden müssten. Das gleiche gilt für WDR 2; dort sind die Nachrichten „um halb" zweigeteilt: An Kurznachrichten schließen sich Meldungen aus den neun Regionalstudios des WDR an (Haas 2005).

Auch wenn Frank Marcinkowski zu Recht auf einen Mangel an Längsschnittanalysen hinweist (Marcinkowski 1997: 53), anhand derer valide Aussagen über die Entwicklung des Hörfunks möglich sind, war ein derartiges Untersuchungsdesign aufgrund des Fehlens von Vergleichsdaten des Rahmenprogrammanbieters nicht möglich. Denn Radio NRW archiviert einen 24-stündigen Mitschnitt des eigenen Programms nur für die gesetzlich vorgeschriebenen drei Monate (LRG NW § 43) und stellt selbst diese Aufnahmen Außenstehenden nach eigenen Angaben nicht für Forschungszwecke zur Verfügung. Daher musste das gesamte empirische Material vom Autor aufgezeichnet werden[74], wodurch lediglich eine Querschnittsanalyse möglich wurde, die den Ist-Zustand der Berichterstattung zwischen öffentlich-rechtlichen und privaten Sendern vergleicht. Um die Gefahr der Verzerrung des Untersuchungsergebnisses durch ein herausragendes Ereignis zu minimieren, wurden die Nachrichten während zwei Untersuchungszeiträumen mit zweimonatigem Abstand aufgezeichnet. Diese beiden Zeitfenster umfassen jeweils die Werktage von zwei natürlichen Wochen. Die Beschränkung auf die Werktage liegt darin begründet, dass „die Wochenendnutzung stark von der Nutzung in der Woche abweicht" (Blumers 1998: 95) und das Radio an Wochenende seit den 80er Jahren kontinuierlich seltener eingeschaltet wird (Lindner-Braun 1998: 48). Es ist anzunehmen, dass dies auch für Feiertage gilt. Der erste Zeitraum beginnt am Dienstag, den 17.05.2005 und endet am Freitag, den 27.05.2005.[75] Bei der Auswertung der Ergebnisse ist zu beachten, dass am 22.05.2005 in Nordrhein-Westfalen Landtagswahlen stattfanden und daher mit einer verstärkten politischen (Wahl-)Berichterstattung zu rechnen ist. Da der Wahlkampf bzw. die Wahl und ihr Ergebnis in der Berichterstattung von April bis Juni eine Rolle gespielt haben und daher zwangsläufig die Untersuchung beeinflussen, „umrahmt" der erste Untersuchungszeitraum bewusst den Wahltermin.

Der zweite Aufnahmezyklus reicht von Montag, den 18.07.2005, bis zum Freitag, den 29.07.2005. Bei der Konzeption dieser Analyse wurde davon ausgegangen, dass zu diesem Zeitpunkt die „Nachwehen" der Wahl die Berichterstattung nicht mehr überproportional beeinflussen. Dass dies aufgrund der noch am Wahlabend bekannt gegebenen Entscheidung des damaligen

---

[74] Dies geschah über den Internet-Livestream von WDR 2 bzw. den beiden Lokalsendern Radio Köln und Radio Bonn-Rheinsieg.

[75] Sowohl der 16.05. (Pfingstmontag) als auch der 26.05. (Fronleichnam) werden als Feiertage nicht berücksichtigt.

Bundeskanzlers Gerhard Schröder, durch das Scheitern der Vertrauensfrage im Bundestag Neuwahlen herbeizuführen, aller Voraussicht nach dennoch der Fall ist, war nicht abzusehen. An den genannten Tagen wurden jeweils die Nachrichten um acht und 18 Uhr aufgezeichnet. Diese Auswahl liegt zum einen darin begründet, dass das Radio morgens „als erste Quelle der Information" (Bargstedt/Weiß 1987: 4) genutzt wird. Zum anderen gehört dem Hörfunk „die Welt bis in den späten Nachmittag, dann dominiert das Fernsehen" (Blödorn/Gerhards/Klingler 1999: 96). Des Weiteren informieren die Nachrichten am späten Nachmittag über die wichtigsten Ereignisse des Tages, während in den Morgenstunden zumeist über den vergangenen Tag bzw. die erwarteten Themen, Ereignisse und Entscheidungen berichtet wird.

Die Untersuchungseinheiten der Inhaltsanalyse stellen sowohl die jeweilige gesamte Nachrichtensendung sowie die einzelnen Meldungen innerhalb einer Sendungen dar. Die Abgrenzung der Sendung erfolgt im Programm der Radiostationen durch einen Jingle, der deutlich den Beginn der Nachrichten ankündigt und dem die Begrüßung des Moderators folgt; die Sendung endet mit der Wettervorhersage, die in dieser Analyse als Teil der Nachrichten und eigenständige Meldung gilt.[76] Unter einer Meldung ist ein „zusammenhängender Sinnkomplex zu verstehen, der sich dadurch auszeichnet, dass durchgängige Dominanz eines Ereignisses oder Sachverhaltes vorliegt" (Friedrichsen 1992: 104).[77] Dementsprechend zeichnet sich eine Meldung dadurch aus, dass sie von einem Thema dominiert wird, worunter Bruns und Marcinkowski „einen bezeichneten, mehr oder weniger unbestimmten Sinnkomplex" (Bruns/Marcinkowski 1997: 36f) verstehen. Im Rahmen der Untersuchung der „Personalisierungs-" Hypothese bilden des Weiteren die in den Meldungen auftretenden oder zu Wort kommenden Personen eine Analyseeinheit. Äußert sich ein Akteur innerhalb einer Meldung mehrfach, so werden diese O-Töne zusammengefasst als ein Einzelner gewertet.[78] Aus der quantitativen Inhaltsanalyse ausgeschlossen bleiben die Schlagzeilen, die bei den Nachrichten von Radio NRW nach der Begrüßung und vor den eigentlichen Meldungen einge-

---

[76]   Hierbei ist jedoch zu berücksichtigen, dass die Wettermeldungen v.a. der Morgennachrichten nicht von Radio NRW sondern von den einzelnen Privatsendern selbst kommen, um sie genauer auf das Sendegebiet abstimmen zu können und durch eine sehr emotionale Präsentation Hörerbindung zu schaffen (Imhof/Schulz 1998b: 11). WDR 2 schließt die Wettervorhersage explizit in die Nachrichten mit ein, da erst danach die Zeitansage, das klassische Ende einer Nachrichtensendung, erfolgt.

[77]   Friedrichsen bezieht diese Definition im Rahmen seiner Analyse „Wirtschaft im Fernsehen" auf einen Beitrag. Da jedoch ein Fernsehbeitrag durchaus mit einer Meldung in einer Hörfunknachrichtensendung vergleichbar ist und die Definition die wichtigsten Merkmale auch einer Meldung treffend beschreibt, findet sie hier Anwendung.

[78]   Dieser Fall trat nur bei den Nachrichten von Radio NRW auf. Dabei handelt es sich vorproduzierte bzw. gestellte Interviews mit dem Akteur zu einem Thema, weshalb die Zusammenfassung sinnvoll erscheint. Denn ansonsten würde diese Doppelung zu einer Verzerrung der Ergebnisse führen. Da dies jedoch nur in drei von 197 Meldungen vorkommt, kann dieser Fall als Ausnahme gewertet werden. Kommen in einer Meldung zwei unterschiedliche Akteure zu Wort, werden sie getrennt analysiert.

setzt werden. Das gleiche gilt für den so genannten Teaser[79] in den Nachrichten des privat-kommerziellen Rahmenprogrammanbieters, der vor den Kurzmeldungen das Thema der darauffolgenden Meldung ankündigt. Beide Elemente finden aber Eingang in die qualitative Beschreibung der Nachrichtensendungen. Insgesamt umfasst die Stichprobe 66 Nachrichtensendungen mit 462 Meldungen. Aufgrund technischer Probleme beim Aufzeichnen des empirischen Materials konnten die 18 Uhr-Nachrichten vom 17.05., 27.05. und 26.07.2005 leider nicht mitgeschnitten werden und fehlen dementsprechend in der Analyse.

Den Abschluss dieses Kapitels bilden Anmerkungen zu den Gütekriterien einer quantitativen Inhaltsanalyse. Dazu zählen sowohl die Validität als auch die Reliabilität (Brosius/Koschel 2001: 69ff). Ein Kategorienschema ist valide, wenn es vollständig ist, also genau das misst, was es messen soll. Dies lässt sich anhand von älteren Forschungsdesigns, Plausibilitäten, theoretischen Überlegungen u.ä. überprüfen (Brosius/Koschel 2001: 182). Ein größtmögliches Maß an Validität der Untersuchung von Hörfunknachrichten nordrhein-westfälischer Sender soll zum einen dadurch erreicht werden, dass das Kategorienschema vor der eigentlichen Analyse mehrfach getestet und gegebenenfalls optimiert wird. Zum anderen orientiert sich diese Arbeit an früheren Studien zur Informationsleistung des Rundfunks (Wegener 2001; Trebbe, Maurer 1999; Bruns/Marcinkowski 1997; Bargstedt/Weiß 1987).

Das Gütekriterium der Reliabilität ist dann erfüllt, wenn die Anwendung des Kategorienschemas auf das empirische Material zu unterschiedlichen Zeitpunkten und von unterschiedlichen Codierern zu gleichen Ergebnissen führt. Ersteres wird mit dem Begriff der „Intracoderreliabilität" bezeichnet, zweiteres mit „Intercoderreliabilität". Denn im Idealfall sollten die Ergebnisse der Analyse sowohl zu verschiedenen Zeitpunkten als auch von unterschiedlichen Personen beliebig oft reproduzierbar sein. Da die Codierung allein vom Autor der Arbeit durchgeführt wurde, konnte lediglich die Intracoderreliabilität überprüft werden. Diese kann bei einer Übereinstimmung von 87 Prozent zwischen zwei zeitlich getrennten Codierungen bei einem derartig komplexen Kategorienschema durchaus als zufriedenstellend angesehen werden.

3.3   Hypothesen und Indikatoren

Anhand der vier in Kapitel 1.4 entwickelten Hypothesen werden im Folgenden die zentralen Kategorien der Inhaltsanalyse dargestellt. Zu Beginn jeden Abschnitts wird die jeweilige Hypothese noch einmal benannt.

---

[79]   Einen Teaser definiert André Schibli in seiner Dissertation „Medienmanagement im Hörfunk" als eine „Live-Programmankündigung. Es wird mittels kurzem Anriss eines Themas auf einen Programmpunkt verwiesen, um so den Hörer an das Programm zu binden." (Schibli 2004: 42)

3.3.1 „Entpolitisierungs-" Hypothese

Die erste Hypothese lautet, dass politische Nachrichten in der Berichterstattung von Radio NRW einen deutlich geringeren Stellenwert haben, als bei WDR 2. Grundlage der empirischen Überprüfung sind die einzelnen Meldungen. Bereits in Kapitel 1.4 wurden in Anlehnung an die Definition von Politik als „geregelte Austragung gesellschaftlicher Konflikte über Werte sowie die gesellschaftsweit bindende Entscheidung über deren Allokation" (Bruns/Marcinkowski 1997: 80) vier eigenständige Merkmale beschrieben, die eine Meldung als politisch charakterisieren: Konfliktparteien, Entscheidungsträger, Entscheidungsinhalt und Entscheidungsbetroffene. Nach Ansicht von Bruns und Marcinkowski muss eine Meldung mindestens zwei dieser Politikdimensionen abdecken, um als politisch gelten zu können („weites Politikverständnis"; ebd.: 81). Wird dagegen die Behandlung aller vier Dimensionen verlangt, spricht man von einem „engen Politikverständnis" (ebd.). Darüber hinausgehend werden zwei weitere Merkmalskombinationen in der Analyse berücksichtigt: Stehen in einer Meldung Entscheidungsträger und Entscheidungsinhalt im Vordergrund, liegt ein „etatistisches Politikverständnis" (ebd.) vor, da staatliche Autoritäten und ihre Handlungen im Mittelpunkt stehen; liegt der Fokus dagegen auf den Konfliktparteien und den Betroffenen, handelt es sich um ein „eher konfliktorisches Politikverständnis" (ebd.), da die Interessengegensätze betont werden. Der große Vorteil dieser Kategorisierung liegt darin, dass die Erhebung unabhängig vom Thema der Meldung erfolgt. Am Ende lässt sich so vergleichen, welchen Anteil politische Themen – unterschieden nach engem und weitem Verständnis – an der Berichterstattung haben.

3.3.2 „Boulevardisierungs-" Hypothese

Die These der verstärkten „Boulevardisierung" der privaten Nachrichtenberichterstattung im Vergleich zu den öffentlich-rechtlichen Hörfunknachrichten wird anhand von vier Sachgebieten untersucht, die unter den Gesichtspunkten der Entspannung, der Neugier und Überraschung sowie des „Mitreden-können-müssens" (Bruns/Marcinkowski 1997: 158) von hoher Attraktivität sind. Es ist davon auszugehen, dass solche Meldungen eine „hohe Affinität zur Dimension der Unterhaltsamkeit aufweisen" (ebd.). Hierbei ist zu berücksichtigen, dass in dieser Analyse nicht jede Meldung genau einem Sachgebiet zugeordnet wird, sondern alle Sachgebiete als dichotome Variablen vercodet werden (vgl. dazu ausführlicher Kap. 3.3.4). Die vier Sachgebiete sind Kultur (Literatur, Konzerte, Theater, Ausstellungen, Mode, Freizeitgestaltung), Sport, Massenmedien (Ereignisse und Personen aus Presse, Hörfunk, Fernsehen und Film ohne Politikbezug) sowie Boulevard/Human Interest[80]. Der Vergleich der Häufigkeit dieser Sachgebiete zwischen WDR 2 und Radio NRW ermöglicht dann die Überprüfung der Hypothese.

---

[80] Unter Boulevard/Human Interest Themen wird eine „Mischung aus Kriminalität, Sex, Unfällen, Katastrophen einerseits sowie Skurrilem sowie Klatsch und Tratsch [aus der Welt der Stars und Sternchen] andererseits" (Krüger 1996: 363) verstanden.

3.3.3 „Personalisierungs-" Hypothese

Zur Überprüfung der dritten Hypothese, dass die Nachrichten des Rahmenprogrammanbieters Radio NRW ein stärkeres Maß an Personalisierung (im negativen Sinne) aufweisen, als die des Westdeutschen Rundfunks, wird noch eine dritte Analyseebene eingeführt: die in den Meldungen eindeutig als Handlungsträger zu identifizierenden Personen. Dazu gehören sowohl diejenigen Akteure, die mit einem O-Ton zu Wort kommen[81], als auch jene, die innerhalb einer Meldung mit Namen oder Funktion genannt werden. Für alle Personen wird die Art des Erscheinens (Nennung des Namens, zitieren durch Korrespondent, O-Ton des Akteurs) und die Funktion – bzw. der Funktionsbereich – erhoben. Des Weiteren wird kategorisiert, ob es sich bei der Meldung, in der die Person(en) als Handlungsträger auftreten, um eine politische Meldung handelt, oder nicht. Eine weitere Kategorie identifiziert, ob einer der auftretenden Personen zentraler Handlungsträger in der Meldung ist. Dies ist dann der Fall, wenn sich die im Beitrag präsentierten Informationen maßgeblich auf diese Person beziehen. Ist dem so, wird zusätzlich die Sphäre der Berichterstattung analysiert. In Anlehnung an die Rechtsprechung wird zwischen drei Sphären differenziert: die Privatsphäre (Lebensbereiche außerhalb der Geheim- oder Intimsphäre, die jedoch nicht ohne weiteres von außen eingesehen werden können, also familiäre Angelegenheiten, Verhalten im eigenen Haus, der Gesundheitszustand, etc.), die Sozialsphäre (Äußerungen und Verhaltensweisen, die von außen ohne weiteres wahrgenommen werden können) und schließlich die Öffentlichkeitssphäre (Äußerungen und Verhaltensweisen, mit denen sich eine Person gezielt an die Öffentlichkeit wendet) (Wegener 2001: 123). Informationen aus der Privatsphäre dürfen im Falle von öffentlichen Personen – wie z.B. Politikern – verbreitet werden, wenn ihre Glaubwürdigkeit oder das berufliche Wirken durch ihr Privatleben gefährdet sind (ebd.). Gegen die Veröffentlichung von Informationen aus der Sozialsphäre können sich nicht-öffentliche Personen in der Regel rechtlich zur Wehr setzen. Das gilt jedoch nicht für solche des öffentlichen Lebens. In der Öffentlichkeitssphäre hat das Persönlichkeitsrecht keine Gültigkeit. Wie bereits in Kapitel 1.4 dargestellt, droht die Verdrängung relevanter Sachverhalte durch eine Konzentration auf die Akteure vor allem in der politischen Berichterstattung. Aus diesem Grund stehen die als politisch identifizierten Akteure im Mittelpunkt der Analyse.

Durch diese relativ komplexe Kategorisierung sollen am Ende Aussagen darüber ermöglicht werden, welche Rolle Personen in der Berichterstattung spielen, wie viel Platz ihnen eingeräumt wird und um welche Art von Akteuren es sich dabei handelt. Sind beispielsweise politische Akteure in Meldungen von Radio NRW häufig nicht nur zentrale Handlungsträger, kommen darüber

---

[81] Ausgeschlossen davon sind selbstverständlich alle O-Töne von Korrespondenten, die daran zu erkennen sind, das jeweils zu Beginn vom Nachrichtensprecher der Name des Korrespondenten sowie in den meisten Fällen der Ort genannt wird (WDR 2) oder am Ende der Korrespondent selbst seinen Namen sowie seinen Standort nennt (Radio NRW).

hinaus im O-Ton zu Wort und ist die Sphäre der Berichterstattung außerdem die Private, kann die Hypothese der Personalisierung als bestätigt angesehen werden.

Auf der Ebene der Meldungen wird daneben der Grad der Personalisierung abgefragt. Dabei wird unterschieden zwischen starker, mittlerer, schwacher und fehlender Personalisierung. Ersteres bedeutet, dass sich das Geschehen primär um einige oder mehrere namentlich genannte oder genau bezeichnete Personen dreht; mittlere Personalisierung meint, dass unpersönliche Sachverhalte und Personen in einer Meldung in etwa gleichrangig behandelt werden; schwache Personalisierung liegt dann vor, wenn Personen zwar genannt, für das Geschehen aber irrelevant sind und sachliche Vorgänge sowie abstrakte Tatsachen den Kern der Berichterstattung bilden; wenn in einer Meldung lediglich rein sachlich Tatsachen beschrieben werden, liegt keine Personalisierung vor (Wegener 2001: 120).

3.3.4 „Vielfalts-" Hypothese

Anhand der letzten, zweigeteilten Hypothese soll sowohl die Vielfalt der thematisierten Sachgebiete, die Repräsentation der unterschiedlichen Politik-ebenen in der politischen Berichterstattung, die geografischen Bezüge sowie die Tiefe der Berichterstattung überprüft werden. Dies geschieht sowohl auf der Meldungs- wie auch der Sendungsebene. Die Hypothese besagt, dass zwar hinsichtlich der Vielfalt keine gravierenden Unterschiede zwischen WDR 2 und Radio NRW bestehen, die Nachrichten des Westdeutschen Rundfunks jedoch ein höheres Maß an Tiefe aufweisen.

Die Abbildung der gegenständlichen Vielfalt erfolgt in der Regel durch die Erhebung der thematisierten Sachgebiete in einer Meldung. In Anlehnung an die Vorgehensweise von Bruns und Marcinkowski (Bruns/Marcinkowski 1997) werden in dieser Arbeit die einzelnen Meldungen allerdings nicht jeweils einem Sachgebiet zugeordnet. Stattdessen werden alle Sachgebiete (vgl. Sachgebiete des Codebuchs im Anhang dieser Arbeit) als dichotome Variablen (thematisiert/nicht thematisiert) vercodet.[82] Der Vorteil dieser Vorgehensweise liegt darin, dass alle in einer monothematischen Meldung vorkommenden Bezüge erfasst werden (ebd.: 99). So sind auch Aussagen über die Breite der Berichterstattung möglich. Sie ist umso größer, je mehr Themen mehreren Sachgebieten zugeordnet werden können. Denn dann ist davon auszugehen, dass in einem Thema verschieden Aspekte und Sichtweisen präsentiert werden. Ein weiterer Indikator dafür ist die absolute Zahl der Meldungen in einer Nachrichtensendung (ebd.: 119). Diese Kategorie ist nach Ansicht von Bruns und Marcinkowski im Vergleich zur Erfassung der Sachgebiete „eine Ebene tiefer gelegt" (ebd.). Denn zwei getrennte Meldungen können ja durchaus

---

[82] Hierbei gilt es allerdings zu berücksichtigen, dass die Variable V06 „Staat/Parteien" lediglich als Kontrollvariable für den in Kapitel 1.4 und 3.3.1 beschriebenen Politik-filter dient. Sie liegt quer zu den Sachgebieten und kommt deshalb nicht in der Aus-wertung der Sachgebiete vor (Bruns/Marcinkowski 1997: 99).

demselben Sachgebiet zugeordnet werden, obwohl sie unterschiedliche Themen behandeln.

Zur Erhebung der Repräsentation der verschiedenen Politikebenen – also der kommunalen, der Landes- sowie der Bundesebene – werden alle im weiten Sinne politischen Meldungen herangezogen, wobei jeder Meldung genau eine Ebene zugeordnet wird. Bei der Vercodung der geografischen Bezüge wird pro Meldung ein Ereignisort benannt. Dazu wurde im Codebuch in Anlehnung an Bruns/Marcinkowski eine Liste mit 49 Ereignisorten festgelegt.

Die Tiefe – anders ausgedrückt: der Informationsgehalt – der Meldungen wird sowohl anhand einer formalen als auch einer inhaltlichen Kategorie untersucht. Erstere ist die Länge der einzelnen Meldungen, da in der Regel davon auszugehen ist, dass die Länge einer Meldung mit ihrem Informationsgehalt korrespondiert (ebd.). Daneben wird nach dem Vorbild der Untersuchung von Trebbe/Maurer (Trebbe/Maurer 1999) die Kategorie der Faktendimensionierung eingeführt. Hier wird unterschieden, ob in einer Meldung lediglich fakten- und ereignisbezogene Informationen enthalten sind, oder auch Ursachen, Folgen, Alternativen oder genauere Begründungen vermittelt werden (ebd.: 259). Diese Variable wird ebenfalls dichotom erhoben.

4. Auswertung und Ergebnisse der Inhaltsanalyse

Auf den folgenden Seiten werden die Ergebnisse der Inhaltsanalyse der Hörfunknachrichten von WDR 2 und dem privaten Rahmenprogrammanbieter Radio NRW, der u.a. die stündlichen Nachrichten für fast alle privaten Lokalsender in Nordrhein-Westfalen produziert, dargelegt. An dieser Stelle sei noch einmal darauf hingewiesen, dass am Ende keine Aussagen über die Erfüllung oder Nicht-Erfüllung des Programmauftrags möglich sind. Denn dafür wären zum einen Programmstrukturanalysen des gesamten Sendeablaufs notwendig; zum anderen könnte dafür nicht mehr der Rahmenprogrammanbieter Radio NRW herangezogen werden, sondern die einzelnen Lokalsender mit den jeweiligen Übernahmen des Angebots von Radio NRW. Darin besteht jedoch auch nicht das Ziel dieser Arbeit. Es geht vielmehr darum, einen in der – im Vergleich zum Fernsehen relativ spärlichen – Literatur dargestellten und persönlich wahrgenommenen Unterschied – u.a. bzgl. der Informationsleistung – in der öffentlich-rechtlichen und privaten Hörfunkberichterstattung anhand des Beispiels der Nachrichten empirisch zu untersuchen. Und zwar vor dem Hintergrund einer zunehmenden gesellschaftlichen Bedeutung der medialen Berichterstattung bei gleichzeitigen gravierenden Veränderungen innerhalb des Mediensystems in den letzten beiden Jahrzehnten.

Da es außerdem „a priori kein wissenschaftlich begründbares Maß für 'ausreichende' Vielfalt, Ausgewogenheit, Objektivität" (Bruns/Marcinkowski 1997: 79) und den Anteil politischer Meldungen in den Nachrichten geben kann, sind lediglich relationale Urteile möglich.

Insgesamt wurden in dieser Arbeit jeweils 33 Ausgaben der Nachrichtensendungen von WDR 2 und Radio NRW analysiert, also insgesamt 66 Sendungen.[83] Diese enthielten insgesamt 462 einzelne Meldungen[84] (inkl. der Wettermeldungen) und haben zusammengerechnet eine Länge von vier Stunden und 50 Minuten. Dabei ist zu berücksichtigen, dass sich die Länge der Sendung aus mehreren Gründen nicht aus der Summe der darin enthaltenen Meldungen ergibt. Denn zum einen enthält die Länge der gesamten Sendung auch alle akustischen Elemente (Jingles etc.) sowie – bei Radio NRW – die Schlagzeilen zu Beginn der Sendung und den Teaser vor den Kurzmeldungen. Eine Nach-

---

[83] Vgl. zu den Stichprobenausfällen Kap. 3.2 dieser Arbeit. Die Sendungen tragen jeweils eine laufende Nummer und eine ID-Nr., anhand derer sie genau identifiziert werden können. Wenn in der Auswertung der Untersuchungsergebnisse auf eine bestimmte Sendung hingewiesen wird, erfolgt dies anhand der lfd. Nr., die sich aus einem Kürzel für die jeweiligen Sender (N – Radio NRW, W – WDR 2) sowie den Zahlen 01-33 zusammensetzt. Anhand dieser Nummer kann die entsprechende Sendung schnell und einfach in den Transkriptionen des Untersuchungsmaterials im Anhang gefunden werden.

[84] Alle Meldungen tragen eine Identifikationsnummer, die in der Auswertung bei Hinweisen auf einzelne Meldungen benutzt wird. Sie ist zusammengesetzt aus der lfd. Nr. der Sendung und der Zahl der jeweiligen Meldung der Nachrichten (N02-5 steht also für die fünfte Meldung der zweiten Nachrichtensendung von Radio NRW). Anhand dieser Nummer kann die entsprechende Meldung in den Transkriptionen im Anhang identifiziert werden.

© Springer Fachmedien Wiesbaden GmbH, ein Teil von Springer Nature 2007
A. Primavesi, *Hörfunknachrichten im Wandel*, Edition KWV,
https://doi.org/10.1007/978-3-658-24700-3_5

richtensendung der zweiten Welle des Westdeutschen Rundfunks ist im Schnitt 5'05 Minuten lang und enthält sieben einzelne Meldungen. Eine Ausgabe der Nachrichten von Radio NRW enthält ebenso viele Meldungen, dauert aber nur 3'43 Minuten, ist also mehr als eine Minute kürzer.[85] Hier zeigt sich schon der erste Unterschied in der Berichterstattung.

4.1 Erscheinungsbild der Nachrichten von WDR 2 und Radio NRW

Bereits in Kapitel 3.1 wurde erwähnt, dass sich die präsentativen Merkmale der Sendungen nur bedingt für eine quantifizierende Erfassung eignen. Daher werden in diesem Abschnitt die wichtigsten qualitativen Merkmale der beiden Nachrichtensendungen beschrieben. Den Anfang macht dabei der Rahmenprogrammanbieter Radio NRW.

Nach der Zeitansage durch den Sprecher erklingt zu Beginn der Nachrichtensendung von Radio NRW der Nachrichtenjingle mit den Worten „Radio Bonn Rhein-Sieg – NRW, Deutschland und die Welt – jetzt"[86]. Dem folgen die Begrüßung und die Schlagzeilen der Sendung durch den Nachrichtensprecher auf einem Musikbett. Die Schlagzeilen enthalten das Wetter sowie in der Regel die Themen der ersten beiden Meldungen. Nach den Schlagzeilen endet das Musikbett und es folgen die Meldungen; in 91 Prozent der Fälle weist der Nachrichtensprecher nach zwei Meldungen mit einem Teaser auf die letzte Meldung der Sendung vor dem Wetterbericht hin.[87] Dieser endet mit dem Hinweis, dass nun Kurznachrichten folgen. Dann ertönt ein akustisches Signal und ein zweiter Sprecher liest drei Kurzmeldungen, zwischen denen jeweils auch das Signal eingesetzt wird. Diese enthalten – im Gegensatz zu den Meldungen davor und danach – weder Korrespondenten- noch Akteurs-O-Töne. Der Block der Kurznachrichten endet mit dem gleichen Geräusch. Die Meldungen selbst sind jedoch nicht mit Musik unterlegt. Nach den Kurzmeldungen verliest der Nachrichtensprecher eine weitere Meldung und verabschiedet sich mit der Nennung seines Namens. Mit einem akustischen Signal beginnen dann die Wettermeldungen. Diese zeichnen sich – wie bereits in Fußnote 77 erläutert – zum einen dadurch aus, dass sie in den meisten Fällen von den einzelnen Lokalsendern selbst produziert werden, um gezielt das regionale Wetter melden zu können[88]; zum anderen wird die Wettervorhersage mit kurzen Dialogen zwischen den Moderatoren aufgelockert und soll so den Hörer unterhalten und ihn als Teil der „Hörerfamilie" (Imhof/Schulz1998b: 11) ansprechen. Dabei geht es dann um die Nahrungsmittelversorgung der Modera-

---

[85] Eine Übersicht über die Längen der einzelnen Sendungen, die Zahl an Korrespondenten- und Akteurs- O-Tönen, etc. findet sich in den Tabellen 4 und 5 im Anhang.

[86] Dabei variiert natürlich der Stationsname bei den einzelnen Lokalsendern.

[87] In zwei Fällen stand lediglich eine, für Radio NRW-Nachrichten außergewöhnlich lange Meldung vor den Kurznachrichten, in einem Fall drei.

[88] Radio Bonn Rhein-Sieg berichtet seinen Hörern z.B. immer die exakte Temperatur am Rhein (vgl. bspw. N04 der Transkription im Anhang).

toren (N17-7) oder deren Freizeitgestaltung (N12-7, N15-7). Innerhalb der Nachrichten von Radio NRW kommen außerdem für besondere Themen oder Sendungselemente eigene Jingles zum Einsatz. Zu ersteren gehörten im Untersuchungszeitraum die Meldungen über die Tour de France (N15, N18-20, N24) sowie Börsennachrichten (N05, N09, N11, N16, N22 und N29). Das einzige, mit einem Jingle angekündigte Sendungselement stellt Interviews mit Korrespondenten, Wissenschaftlern, politischen Akteuren etc. dar und trägt den Titel „Nachgefragt" (N02, N04, N05, N08, N12, N22, N23 und N26). Dabei wird dem Hörer der Eindruck vermittelt, es handle sich um Live-Interviews; es ist allerdings davon auszugehen, dass diese bereits vor der Sendung aufgezeichnet wurden. Denn erstens ist das Risiko eines Abbruchs der (Telefon-) Leitung trotz aller technischen Möglichkeiten immer noch relativ groß und zweitens ist die Auswahl der möglichen Gesprächspartner – v.a. wenn es sich dabei um hochrangige Akteure handelt – relativ klein, wenn das Interview nur in einem zeitlich sehr eng definierten Fenster stattfinden kann.

Auch die stündlichen Nachrichten von WDR 2 beginnen mit einem Jingle („WDR 2 Nachrichten"). Nach der Ansage der Uhrzeit und der Nennung seines Namens beginnt der Nachrichtensprecher direkt mit der ersten Meldung. Akustische Elemente kommen erst zur Abgrenzung des Wetterberichts von den übrigen Meldungen zum Einsatz. Eine Unterscheidung zwischen den einzelnen Meldungen – so wie bei Radio NRW – gibt es hier nicht. Dementsprechend können O-Töne, abgesehen von der Wettervorhersage – auch überall vorkommen. Die Wettermeldungen sind bei der zweiten Welle des WDR explizit noch Teil der Nachrichten. Sie werden auch vom Nachrichtensprecher gesprochen und sind mit einem Musikbett unterlegt. Die Sendung endet klassisch mit der Nennung der Uhrzeit.

Vergleicht man das Erscheinungsbild der Nachrichten von WDR 2 und Radio NRW, so fällt vor allem der stärkere Einsatz akustischer Mittel bei letzterem auf. Die öffentlich-rechtlichen Nachrichten zeichnen sich durch eine gewisse Nüchternheit in der Präsentation aus. Ziel der stärkeren akustischen Gestaltung durch den Rahmenprogrammanbieter ist es, die Nachrichten möglichst gut in das restliche Programm einzubinden, um so die bereits genannte „Durchhörbarkeit" (vgl. Kapitel 2.1) sicherzustellen.

4.2 „Entpolitisierungs-" Hypothese

Zum Vergleich des Anteils politischer Nachrichten wurden in Anlehnung an die Studie von Bruns/Marcinkowski (Bruns/Marcinkowski 1997) vier Merkmale definiert, die eine Meldung als politisch charakterisieren. Diese sind Konfliktparteien, Entscheidungsträger, Entscheidungsinhalt und Entscheidungsbetroffene (vgl. Kap. 1.4 und 3.3.1). Eine Meldung gilt dann als politisch, wenn mindestens zwei dieser Indikatoren in der Meldung behandelt werden. In den Nachrichten von WDR 2 mit insgesamt 232 Meldungen konnten insgesamt 90 Meldungen als politisch identifiziert werden. In Prozentzahlen ausgedrückt ergibt sich daraus ein Anteil von 38,8 Prozent politischer Meldungen. Im Durchschnitt enthält jede Sendung 2,7 politische Meldungen.

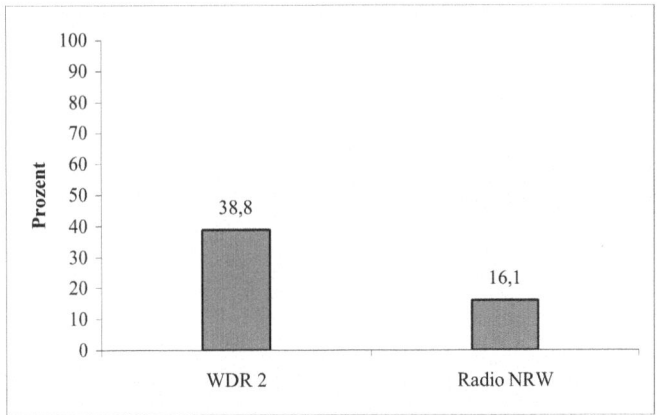

Abbildung 1: Anteil politischer Meldungen insgesamt
(Basis: n = Anzahl aller Meldungen)

Die Nachrichten des privat-kommerziellen Rahmenprogrammanbieters beinhalten dagegen lediglich 37 politische Meldungen (bei 230 Meldungen insgesamt). Das sind 16,1 Prozent aller Meldungen; eine Ausgabe der Radio NRW-Nachrichten enthält dementsprechend im Schnitt 1,1 politische Meldungen. Die Nachrichten der zweiten Welle des WDR enthalten also fast die dreifache Zahl an politischen Meldungen. Somit lässt sich an dieser Stelle bereits festhalten, dass die erste Hypothese durch die empirische Analyse bestätigt wurde. Denn politische Meldungen haben in der Berichterstattung von Radio NRW tatsächlich einen deutlich geringeren Stellenwert.

Doch die Analyse soll an dieser Stelle nicht stehen bleiben. Außerdem wurde noch zwischen einem engen und weiten Politikbegriff unterschieden. Enthält eine Meldung zwei der genannten Merkmale, gilt sie als politisch im weiten Sinne[89]. Werden dagegen alle vier Dimensionen behandelt, so gilt eine Meldung als politisch im engen Sinne. Auch hier fördert ein Vergleich zwischen den beiden Sendern interessantes zu Tage. Denn von den insgesamt 37 als politisch identifizierten Meldungen von Radio NRW decken lediglich sechs alle Merkmale ab, also 16,2 Prozent der politischen Meldungen insgesamt. 31 Meldungen – oder 83,8 Prozent – der politischen Meldungen sind dagegen als „weit" zu bezeichnen. Beim WDR ist dieses Verhältnis ausgewogener. Hier sind 67,8 Prozent der politischen Meldungen „weit", es werden also in 61 Meldungen zwei der vier Dimensionen genannt. Politisch im „engen" Sinne sind immerhin noch 29 Meldungen, was einem Anteil von 32,2 Prozent entspricht. Noch extremer erscheint der Unterschied, wenn man die prozentu-

---

[89]   Meldungen, die drei Dimensionen behandeln, gelten auch als politische Meldungen im „weiten" Sinne.

alen Anteile der politischen Meldungen im „engen" und „weiten" Sinne – wie in Abbildung 2 – im Verhältnis zu den Meldungen insgesamt darstellt.

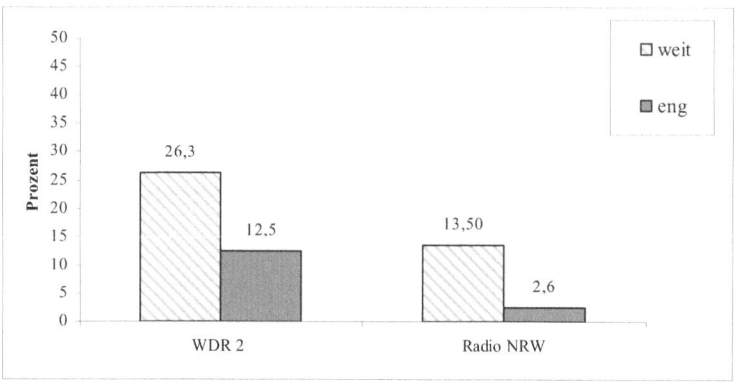

Abbildung 2: Anteil politischer Meldungen im „engen" und „weiten" Sinne
(Basis: n = Anzahl aller Meldungen)

Diese deutlichen Unterschiede lassen sich auch nicht durch eine Differenz in der Zahl der Meldungen zwischen WDR 2 und Radio NRW erklären. Denn trotz der Tatsache, dass die Nachrichten der nordrhein-westfälischen Lokalradios im Schnitt mehr als eine Minute kürzer sind, enthalten sie genauso viele Meldungen. Im gesamten Untersuchungszeitraum enthielten die öffentlich-rechtlichen Nachrichten lediglich zwei Meldungen mehr als die privaten. Diese Ergebnisse legen den Schluss nahe, dass Radio NRW politischen Meldungen nicht nur deutlich weniger Platz in den Nachrichten einräumt, sondern in den meisten Fällen diese Berichterstattung an der Oberfläche verharrt. Denn nur in 2,6 Prozent aller Meldungen findet eine tiefergehender, im „engen" Sinne politische, Information der Zuhörer statt (Grafik 2). Bei WDR 2 sind es immerhin 12,5 Prozent der Meldungen. Ein Grund dafür ist mit Sicherheit im Aufbau der privaten Nachrichten zu suchen. Durch den kompakten Block an Kurzmeldungen, die jeweils nur ca. zehn Sekunden lang sind, besteht gar nicht die Möglichkeit, ein Thema so breit zu behandeln, als dass die vier Dimensionen angesprochen werden könnten. Und fast die Hälfte der politischen Meldungen in den Nachrichten von Radio NRW, 16 an der Zahl, liegt genau in diesem Teil der Sendung.

Sowohl bei WDR 2 als auch bei Radio NRW finden sich allerdings auch völlig „politikfreie" Nachrichtensendungen. Beim Westdeutschen Rundfunk sind dies die Morgennachrichten am 28. und 29. Juli, bei Radio NRW sind es dagegen mehr als dreimal so viele Sendungen. Hier enthalten sowohl die Frühnachrichten am 17.05., 27.07. und 28.07., als auch die Abendnachrichten am 19.05., 20.07., 27.07. und 28.07. keinerlei politische Meldungen. Dadurch werden noch einmal die vorhergehenden Ergebnisse bestätigt.

Unter einem anderen Gesichtspunkt jedoch ähnelt sich die Berichterstattung von Radio NRW und WDR 2: bei beiden sind die politischen Meldungen („eng" und „weit") im Durchschnitt um ca. 10 Sekunden länger als die übrigen Meldungen. Auf den ersten Blick verwundert dieses Ergebnis in Bezug auf den Rahmenprogrammanbieter, da doch fast die Hälfte der Meldungen innerhalb der Kurznachrichten zu finden sind. Das wird jedoch dadurch ausgeglichen, dass politische Meldungen außerhalb dieses Blocks in mehreren Fällen weit über der durchschnittlichen Länge liegen.

In der Mitte des ersten Untersuchungszeitraums lag die Landtagswahl in Nordrhein-Westfalen. Aus welchen Gründen die erste Stichprobe diesen – vor allem in der Rückschau durch die darauf folgende Neuwahlankündigung durch den damaligen Bundeskanzler Gerhard Schröder auch für die Bundespolitik bedeutsamen – Termin umrahmt, wurde in Kapitel 3.2 erläutert. In der Auswertung der Analyseergebnisse stellt sich die Frage, ob und wie die Wahl und ihre Folgen die politische Berichterstattung beeinflusst haben. Eine Möglichkeit bestünde darin, dass ein derartig bedeutendes Ereignis zu einer Erhöhung der Zahl politischer Meldungen führt. Um dieser Vermutung auf den Grund zu gehen, wurde in der Stichprobe nach Sendungen gesucht, die sich durch eine Häufung[90] an politischen Meldungen auszeichnen. Vor dem Wahltermin am 22.05.2005 war dies bei Radio NRW am 20.05. in den 08:00 Uhr-Nachrichten der Fall. Und tatsächlich bezog sich eine der Meldungen auf den bevorstehenden Urnengang. In der Berichterstattung von WDR 2 fanden sich Häufungen politischer Meldungen vor dem Urnengang am 18.05 (18:00 Uhr, fünf pol. Meldungen) und 19.05 (08:00 Uhr, sechs pol. Meldungen[91]). Von diesen insgesamt 11 Meldungen befasste sich jedoch lediglich eine mit der bevorstehenden Wahl.[92] Für die Zeit nach der Landtagswahl und der Ankündigung Gerhard Schröders am Wahlabend, Neuwahlen auf Bundesebene anzustreben, ergibt die Analyse von Radio NRW vergleichbare Ergebnisse zur Zeit vor der Wahl. Häufungen politischer Meldungen finden sich in den Frühnachrichten vom 23.-27.05[93], in denen die Berichterstattung über das Wahlergebnis und dessen Folgen für die verstärkte „Politisierung" der Nachrichten verantwortlich sind. Dies gilt auch für WDR 2: am 23. (18:00 Uhr), 24. (18:00 Uhr) und 27.05 (08:00 Uhr) enthalten die Nachrichten jeweils vier politische Meldungen, die sich am 24.05 sogar nur um die Auswirkungen des Wahlausgangs drehen.

---

[90] Eine Häufung liegt dann vor, wenn die Zahl an politischen Meldungen deutlich über dem Durchschnitt liegt. Bei WDR 2 ist dies ab vier Meldungen der Fall (Durchschnitt: 2,7 politische Meldungen), bei Radio NRW ab zwei politischen Meldungen (Durchschnitt: 1,1).

[91] Hierbei handelt es sich gleichzeitig um die Nachrichtensendung mit der größten Zahl an pol. Meldungen im gesamten Untersuchungszeitraum.

[92] Inhaltlich ging es dabei noch nicht einmal um den Wahlkampf selbst, sondern um eine Kampagne zur Ermittlung von doppelten Staatsbürgerschaften türkischstämmiger Deutscher (W04-5).

[93] Aufgrund eines Feiertags in Nordrhein-Westfalen wurden die Nachrichten am 26.05 nicht in die Stichprobe einbezogen.

Im zweiten Untersuchungszeitraum vom 18.-29.07 traten bei Radio NRW noch zwei weitere Häufungen mit jeweils zwei politischen Meldungen am 18.07 (08:00 Uhr) und 19.07 (18:00 Uhr) auf. Von diesen vier Meldungen befasst sich jedoch lediglich eine mit der bevorstehenden Entscheidung über die Neuwahlen zum Bundestag durch Bundespräsident Horst Köhler (N15-1). In der politischen Berichterstattung von WDR 2 dagegen gab es in der zweiten Stichprobe doppelt so viele Häufungen: am 18.07 (08:00 Uhr und 18:00 Uhr, jeweils fünf Meldungen), 19.07 (08:00 Uhr, fünf Meldungen) und am 27.07 (08:00 Uhr, vier Meldungen). Allerdings werden diese nicht von den „Nach-wehen" der nordrhein-westfälischen Landtagswahl dominiert, denn von den insgesamt 19 Meldungen beschäftigen sich lediglich zwei mit der geplanten Neuwahl des Bundestages. Es ist also nicht davon auszugehen, dass die verstärkte politische Berichterstattung durch dieses Thema verursacht wurde.

Zusammenfassend lässt sich festhalten, dass der Wahlkampf, das Wahler-gebnis sowie dessen Folgen in den Nachrichten des kommerziellen Rahmen-programmanbieters relativ eindeutig zu einer Steigerung der Anzahl politischer Meldungen geführt haben. Das gilt jedoch nicht für WDR 2. Denn sowohl in den Häufungen vor der Landtagswahl, als auch im zweiten Untersuchungszeit-raum waren die genannten Ereignisse nur ein Thema unter vielen. Da die Nachrichten der zweiten Welle des WDR mit fast 40 Prozent politischer Meldungen grundsätzlich dem politischen Geschehen mehr Platz einräumen, führen derartig turbulente Begebenheiten nicht zu einer höheren Zahl an politischen Meldungen, sondern die Berichterstattung darüber reiht sich mehr oder weniger nahtlos in die Nachrichtensendungen ein.[94]

4.3 „Boulevardisierungs-" Hypothese

Zur Überprüfung der These der „Boulevardisierung" der privaten Nachrichten im Vergleich zu den öffentlich-rechtlichen dient die Gegenüberstellung der Häufigkeit der vier Sachgebiete Sport, Kultur, Massenmedien und Human Interest/Boulevard. Denn bei diesen ist davon auszugehen, dass sie eine „hohe Affinität zur Dimension der Unterhaltsamkeit aufweisen" (Bruns/Marcinkowski 1997: 158).[95] Das erste Sachgebiet, der Sport, zeigt noch keine eindeutigen Unterschiede. Insgesamt ist er bei WDR 2 in 17 (7,3 Prozent aller Meldungen), bei Radio NRW in 20 (8,6 Prozent) Meldungen vertreten. Im Zentrum der Sportberichterstattung steht bei beiden im zweiten Untersu-chungszeitraum die Tour de France (02.07.-24.07.2005), über die an allen Tagen bis zu ihrem Ende in mindestens einer der analysierten Nachrichtensen-

---

[94] Hierbei muss berücksichtigt werden, dass an dieser Stelle nur die Häufungen politischer Meldungen untersucht wurden, nicht jedoch die gesamte Berichterstattung, in der auch der Landtagswahlkampf, dessen Ausgang und die Folgen thematisiert wurden.

[95] Vgl. dazu auch Kapitel 1.4 und 3.3.2.

dungen sowohl bei WDR 2 als auch bei Radio NRW berichtet wurde.[96] Das Sachgebiet Kultur taucht in den privaten Nachrichten kein einziges Mal auf. Beim Westdeutschen Rundfunk ist dies immerhin fünf Mal der Fall, was einem Anteil von 2,2 Prozent entspricht. Die längste Meldung widmet sich am 25.07. der Eröffnung der Richard-Wagner Festspiele in Bayreuth (W26-7). Geringfügig häufiger vertreten ist dagegen das Sachgebiet Massenmedien mit jeweils sechs Meldungen bei beiden Sendern (entspricht 2,6 Prozent). Auch wenn auf den ersten Blick kein Unterschied zwischen Radio NRW und WDR 2 besteht, lohnt an dieser Stelle eine genauere Analyse. Denn die Hälfte der Meldungen des Privatsenders berichten über Ereignisse aus der Filmbranche[97], die sich eindeutig als „unterhaltend" identifizieren lassen. Bei WDR 2 ist das dagegen in keiner Meldung der Fall. Dieser informiert seine Zuhörer bspw. über eine Lehrstellenaktion des Funkhauses oder den Schleichwerbeskandal im öffentlich-rechtlichen Fernsehen. Sowohl Radio NRW als auch WDR 2 berichten über das Fernsehduell der beiden Spitzenkandidaten für die Landtagswahl, Peer Steinbrück und Jürgen Rüttgers. Diese Meldungen wurden u.a. auch dem Sachgebiet Massenmedien zugeordnet, auch wenn sie primär keinen unterhaltenden Charakter haben. Die eindeutige Dominanz der Filmberichterstattung des Rahmenprogrammanbieters innerhalb des Sachgebiets Massenmedien kann jedoch als erstes Indiz für die Bestätigung der Hypothese gewertet werden.

Sehr viel eindeutiger fällt der Vergleich des Sachgebiets Human Interest/Boulevard aus. Hier liegt der Anteil bei Radio NRW mit 63 Meldungen (27 Prozent) fast doppelt so hoch wie bei WDR 2 mit 40 Meldungen (17,2 Prozent). Außerdem konnte bei Radio NRW beinahe die zweifache Menge an Meldungen diesem Sachgebiet zugeordnet werden, als es politische Meldungen gab (16,1 Prozent aller Meldungen). Vor der genaueren Betrachtung dieses Sachgebiets bietet die dritte Abbildung einen Überblick über die prozentuale Häufigkeit aller vier „unterhaltenden" Sachgebiete.

---

[96]   Eine Ausnahme bildet bei WDR 2 lediglich der 18.07, der allerdings einer der Ruhetage bei der Tour de France war.

[97]   Hierbei handelt es sich zum einen um die ausführliche Berichterstattung über den Kinostart des neuen „Star Wars"-Films (N02-5, N04-6) und eine Kurzmeldung über den Tod eines Schauspielers aus der TV-Serie „Raumschiff Enterprise" (N21-5).

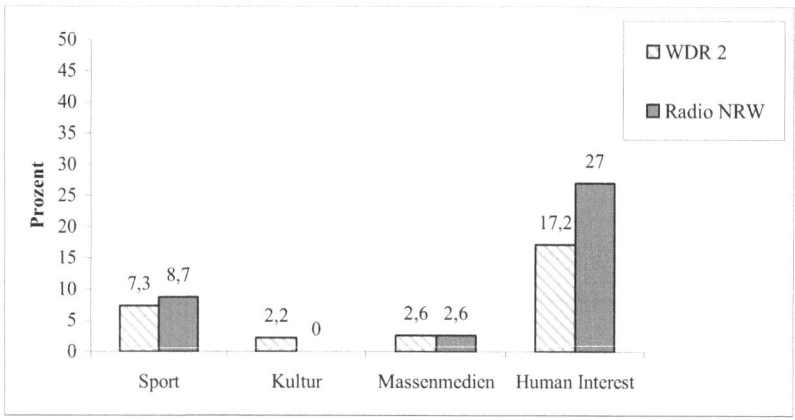

Abbildung 3: Anteil „unterhaltender" Sachgebiete
(Basis: n = Anzahl aller Meldungen)

Innerhalb des Sachgebiets Human Interest/Boulevard wurde noch einmal genauer differenziert zwischen Kriminalität/Verbrechen, Privates/Persönliches, Sexualität, Lotto/Glücksspiel und der Kategorie Sonstiges. Während letzterer insgesamt nur eine Meldung von WDR 2 zugeordnet werden konnte, taucht das Sachgebiet Sexualität in keiner der untersuchten Nachrichtensendungen auf.[98] Die ersten detaillierten Unterschiede in der „boulevardesken" Berichterstattung zeigen sich in der Gegenüberstellung des Sachgebiets Lotto/Glücksspiel. Während Radio NRW in vier Meldungen über die Lottozahlen berichtet und dem „zweithöchsten Jackpot in der Geschichte des deutschen Lottos" (N12-5) allein zwei Meldungen widmet, ist WDR 2 dieses Thema nur eine Nachricht wert. Deutlicher werden die Differenzen in der Kategorie Privates/Persönliches: diese konnte im Falle des öffentlich-rechtlichen Senders nur einmal vercodet werden (0,4 Prozent). Beim Rahmenprogrammanbieter war dies dagegen 13 Mal der Fall (5,7 Prozent). Ausführlich wurde bspw. über den Fund eines toten Säuglings in einem Rucksack berichtet (N05-3, N11-2), wobei am 24.05. ein Korrespondent eingehend Hintergründe liefert und diese Nachricht sogar an zweiter Stelle innerhalb der Sendung erscheint. Weitere Ereignisse waren der Tod eines Mädchens im Schwimmbad (N06-6), die Rettung eines 71-jährigen Mannes durch zwei Jugendliche (N17-5), der Fund einer Babyleiche in einer Recycling-Firma (N28-3) sowie der tödliche Herzinfarkt eines Funktionärs des spanischen Zweitligisten Teneriffa während einer Pressekonferenz (N09-4). Platziert waren diese Meldungen in den meisten Fällen im Block der Kurznachrichten.

---

[98]   Meldungen, die über Missbrauch oder Vergewaltigung berichten, wurden dem Sachgebiet Kriminalität/Verbrechen zugeordnet (N29-1, N32-4, W29-6).

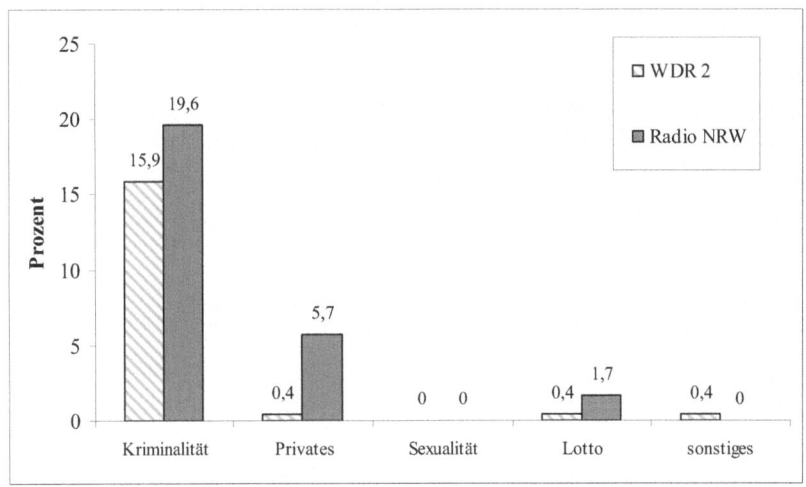

Abbildung 4: Anteil der „Boulevard"-Sachgebiete
(Basis: n = Anzahl aller Meldungen)

Auch innerhalb des Sachgebiets Kriminalität/Verbrechen liegt Radio NRW mit einem Anteil von 19,6 Prozent (45 Meldungen) eindeutig vor WDR 2 mit 15,9 Prozent (37 Meldungen). Dieser Vorsprung resultiert vor allem aus einer hohen Zahl an Meldungen über Banküberfälle (N10-6, N19-1), Einbruchs- und Betrugsdelikte (12-3, 16-4, N20-4, N21-4, N27-4) sowie Gewalttaten und Tötungsdelikte von Privatpersonen (N4-1, N4-3, N5-1, N17-3, N18-1, N20-1, N20-3, N27-3, N29-5, N31-5, N32-4). Beispielhaft sei an dieser Stelle die Berichterstattung über zwei Morde an jungen Mädchen genannt. Hierbei handelt es sich zum einen um die Entführung und anschließende Ermordung der sechsjährigen Ayla aus Zwickau, die möglicherweise von ihrem Mörder auch sexuell missbraucht wurde; zum anderen um den Mord an der 16-jährigen Carolin aus Graal-Müritz. In beiden Fällen widmete Radio NRW diesen Ereignissen zwei Meldungen jeweils direkt am Anfang der Nachrichtensendung, die sowohl Korrespondenten, als auch Akteurs O-Töne enthalten (N04-1, N5-1, N18-1, N20-1). Aufgrund der Positionierung und der inhaltlichen Gestaltung ist davon auszugehen, dass diesen Themen besondere Bedeutung beigemessen wird. Über die Ermordung von Ayla berichten auch die Nachrichten von WDR 2, der Tod von Carolin findet jedoch keine Erwähnung. Insgesamt wird die Berichterstattung des öffentlich-rechtlichen Senders von Meldungen über die Anschläge in London am 21.07. und dem ägyptischen Badeort Sharm el Sheikh am 22.07. dominiert. Diesen Ereignissen widmet Radio NRW im Vergleich deutlich weniger Meldungen. Aufgrund dieser Ergebnisse lässt sich abschließend sagen, dass auch die zweite Hypothese als eindeutig bestätigt angesehen werden kann. Denn sowohl die Häufigkeit der Sachgebiete als auch die Themen der Meldungen – v.a. im Bereich Kriminalität/Verbrechen – sprechen, verglichen mit WDR 2, für eine „Boulevardisierung" der Nachrichten von Radio NRW.

4.4 „Personalisierungs-" Hypothese

Die dritte Hypothese wurde auf zwei Analyseebenen überprüft. Zum einen auf der Ebene der Meldungen durch die Abfragung des Grades an Personalisierung; zum anderen auf Ebene der in den Meldungen als Handlungsträger zu identifizierenden Personen. In einem ersten Schritt erfolgt die Auswertung der Analyse auf Meldungsebene.

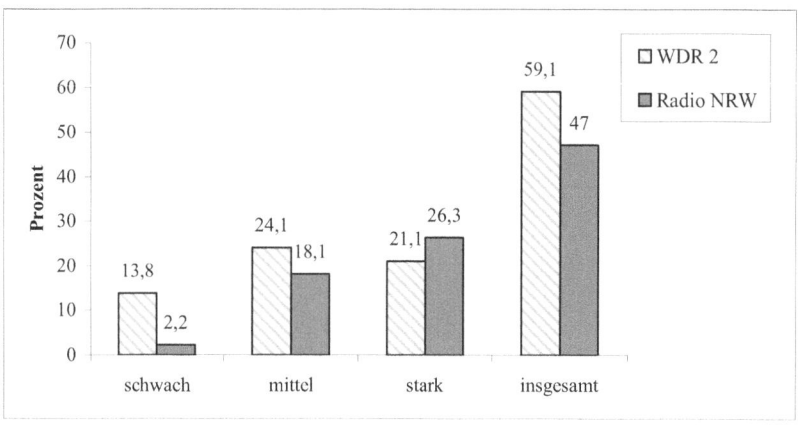

Abbildung 5: prozentualer Anteil der Meldungen mit der Ausprägung „Personalisierung" (Basis: n = Anzahl aller Meldungen)

Hier zeigt der Vergleich der beiden Sender, dass das Merkmal Personalisierung insgesamt häufiger in Meldungen von WDR 2 auftaucht, als bei Radio NRW. In mehr als der Hälfte der Meldungen des öffentlich-rechtlichen Senders (59,1 Prozent, 137 Meldungen) werden Personen genannt, stehen diese gleichrangig mit unpersönlichen Sachverhalten im Mittelpunkt oder bilden den Kern der Berichterstattung. Beim Rahmenprogrammanbieter liegt dieser Wert 12,1 Prozentpunkte niedriger (47 Prozent, 108 Meldungen).

Interessanter als diese Gegenüberstellung sind jedoch die Unterschiede zwischen beiden bzgl. der einzelnen Ausprägungen der Variable. Denn während im Westdeutschen Rundfunk immerhin in 13,8 Prozent der Meldungen Personen genannt werden, liegt dieser Wert in den Nachrichten von Radio NRW lediglich bei 2,2 Prozent. Auch bei der „mittleren" Personalisierung liegt WDR 2 mit 24,1 Prozent relativ deutlich vor Radio NRW (18,1 Prozent). Erst im Fall der „starken" Personalisierung übernimmt der Privatsender mit 26,3 Prozent wieder die Führung (WDR 2: 21,1 Prozent). Daraus kann man den Schluss ziehen, dass bei Radio NRW Personen – wenn sie denn genannt werden – entweder gleichrangig zu unpersönlichen Sachverhalten stehen, oder die Berichterstattung dominieren. Beim WDR ist die Verteilung der „personalisierten" Meldungen über die drei Ausprägungen dagegen gleichmäßiger. Für diese Sichtweise spricht auch die insgesamt höhere Anzahl an Akteurs O-Tönen beim Privatsender (24) im Vergleich zu WDR 2 (17). Diese Ergebnisse können als erstes, leichtes Indiz für das Zutreffen der Hypothese gewertet werden. Dabei muss allerdings berücksichtigt werden, dass allein die Erhebung des Personalisierungsgrades noch keinerlei gesicherte Aussagen über eine eventuelle „negative" Personalisierung z.B. in Form der „Privatisierung" in den Nachrichten ermöglicht, da dazu das Raster viel zu grob ist.

Aus diesem Grund wurden alle in Meldungen als Handlungsträger identifizierten Personen noch genauer analysiert. Insgesamt traten in den Nachrichtensendungen von WDR 2 und Radio NRW im Untersuchungszeitraum 498 Personen auf (WDR 2: 275; Radio NRW: 223), d.h. sie wurden mit ihrem Namen oder ihrer Funktion erwähnt, direkt oder indirekt zitiert bzw. kamen mit einem O-Ton zu Wort. Aus Tabelle 1 werden die Handlungsbereiche der auftretenden Personen ersichtlich.

Handlungsbereich	WDR 2		Radio NRW	
	abs.	Prozent	abs.	Prozent
Kommunalpolitik	0	0	2	0,9
Landespolitik	36	13,1	20	9
Bundespolitik	107	38,9	67	30
Int. Politik	24	8,7	2	0,9
sonstige Politik	3	1,1	0	0
Wirtschaft / Industrie / Arbeitgeber / Dienstleistung	6	2,2	7	3,1
Gewerkschaften / Arbeitnehmer-vertretung	3	1,1	0	0
sonstige Gruppen und Organisationen	2	0,7	0	0
kulturelle Organisationen	0	0	0	0
humanitäre Organisationen / Naturschutz	1	0,4	0	0
sonstige Interessenverbände	0	0	1	0,4
Polizei / Justiz / Grenzschutz	6	2,2	2	0,9
Armee / Militär	9	3,3	4	1,8
terroristische Organisationen	10	3,6	20	9
religiöse Organisationen	1	0,4	0	0
Wissenschaft / Forschung	1	0,4	2	0,9
Kunst / Kultur / Literatur	1	0,4	0	0
Sport	44	16	38	17
Ärzte /medizinische Hilfe	0	0	0	0
Medien / Showbusiness / Life-Style	2	0,7	5	2,2
Königshäuser / Adel	2	0,7	0	0
nicht-organisierte Privatpersonen	11	4	51	22,9
öffentlicher Dienst	0	0	2	0,9
sonstige Bereiche	6	2,2	0	0
Summe	**275**	100	**223**	100

Tabelle 1: Übersicht Handlungsbereiche der auftretenden Personen
(Basis n = Anzahl aller Personen)

Hier zeigt ein Vergleich der Häufigkeiten der unterschiedlichen Handlungsbereiche, dass vor allem Vertreter aus drei Bereichen in den Nachrichten auftauchen: politische Akteure, Sportler und – das gilt besonders für Radio NRW und weniger für WDR 2 – nicht-organisierte Privatpersonen. Neben den Handlungsbereichen wurde außerdem erhoben, ob die Personen innerhalb der Meldung die zentralen Handlungsträger sind, ob sich also die Berichterstattung maßgeblich auf diese Personen bezieht bzw. diese Anlass und Mittelpunkt der Berichterstattung sind. Hier offenbaren sich eindeutige Differenzen zwischen öffentlich-rechtlichem und privatem Sender: von allen auftretenden Personen sind bei Radio NRW 60,1 Prozent (134 Personen) zentrale Handlungsträger, bei WDR 2 ist es dagegen nur die Hälfte dessen, nämlich 30,9 Prozent (85 Personen). In Verbindung mit der absoluten Zahl an auftretenden Personen bedeutet dieses Ergebnis, dass zwar in den Nachrichten von WDR 2 insgesamt mehr Personen vorkommen, prozentual jedoch deutlich seltener im Mittelpunkt der Berichterstattung stehen. So liegt der Schluss nahe, dass die Radio NRW-Nachrichten deutlich „personalisierter" sind, als jene der öffentlich-rechtlichen Konkurrenz. Dafür spricht auch die Tatsache, dass beim Rahmenprogrammanbieter 10,8 Prozent aller Personen mit einem O-Ton zu Wort kommen, während dieser Anteil bei WDR 2 lediglich bei 6,2 Prozent liegt. Denn durch die Wiedergabe ihrer Aussage anhand eines Original-Tons erhalten die Personen innerhalb der Meldung größeres Gewicht als wenn sie nur zitiert oder lediglich mit Namen bzw. Funktion genannt werden. Dabei ist jedoch zu berücksichtigen, dass die erwähnte negative Wirkung der Personalisierung, also die Verdrängung relevanter Sachverhalte durch die Konzentration auf Personen, vor allem in politischen Nachrichten von Bedeutung ist. Denn in der Sportberichterstattung wie auch in Meldungen der Sachgebiete Privates/Persönliches und Kriminalität/Verbrechen stehen einzelne oder mehrere Personen zwangsläufig aufgrund ihrer Betroffenheit im Fokus der Nachricht. Valide Aussagen werden daher primär von der Analyse der politischen Akteure erwartet.

Trotz dieser Einschränkung werden im Folgenden die Personen aus den drei genannten Handlungsbereichen, die besonders häufig vorkommen, genauer analysiert. Den Anfang machen dabei jene, die dem Bereich Sport zugeordnet wurden. Die große Zahl an „sportlichen" Akteuren erklärt sich vor allem durch die beiden Großereignisse während der zweiten Stichprobe: die Tour de France und die Schwimm-Weltmeisterschaft im kanadischen Montreal. Der Unterschied zwischen Radio NRW und WDR 2 liegt hier bei lediglich einem Prozent (Abbildung 6). Allerdings sind die Personen dieses Handlungsbereichs – ähnlich wie bei den Akteuren insgesamt – bei Radio NRW in 63,2 Prozent der Fälle zentrale Handlungsträger, während dies bei WDR 2 nur auf 36,4 Prozent zutrifft. Bei beiden Sendern wird in über 80 Prozent der Fälle aus der Öffentlichkeitssphäre der Akteure berichtet. Ist die Privatsphäre der Akteure Gegenstand der Berichterstattung, so handelt es sich in der Regel um Nachrichten über den sog. „Schiedsrichterskandal"[99]. Da die Akteure dieses Handlungsbereichs überwiegend Einzelsportarten (Radfahren, Schwimmen) betreiben, stehen konsequenterweise auch Personen im Zentrum der Berichterstattung.

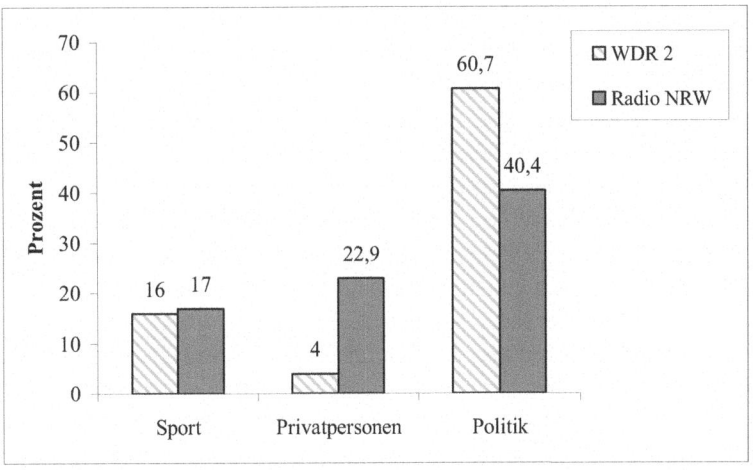

Abbildung 6: prozentualer Anteil der Personen aus genannten Handlungsbereichen
(Basis n = Anzahl aller Personen)

An zweiter Stelle innerhalb der Häufigkeitsverteilung der Handlungsbereiche stehen bei Radio NRW nicht-organisierte Privatpersonen mit 22,9 Prozent. Während also bei dem privaten Rahmenprogrammanbieter fast ein Viertel aller Personen, die in den Nachrichten vorkommen, Privatpersonen sind, liegt dieser Anteil bei WDR 2 lediglich bei vier Prozent. Neben diesem gravierenden Unterschied ist weiterhin auffallend, dass von diesen 51 Personen noch einmal 76,5 Prozent zentrale Handlungsträger sind (WDR 2: 63,6 Prozent). Die Zahl der auftretenden Privatpersonen ist bei dem Privatsender also nicht nur an sich deutlich höher, außerdem sind diese in der Mehrzahl der Fälle auch noch Anlass und Mittelpunkt der Berichterstattung. Betrachtet man die Sphäre der Berichterstattung, so ist auch hier das Ergebnis für Radio NRW eindeutig: sie ist bei vier Fünfteln der Akteure (79,5 Prozent) die Privatsphäre (WDR 2: 57,1 Prozent). Dieses Ergebnis ist im Zusammenhang mit dem der „Boulevardisierung-" Hypothese zu sehen, da bei Radio NRW ein hoher Anteil an Meldungen der Ausprägungen Kriminalität/Verbrechen und Privates/Persönliches der Variable Human Interest/Boulevard identifiziert wurde. Genau diesen entstammt der überwiegende Teil an nicht-organisierten Privatpersonen. Allerdings haben diese Erkenntnisse – ebenso wie die Untersuchung der „sportlichen" Akteure – nur bedingt Aussagekraft für eine mögliche „negative" Personalisierung. Sie zeigen lediglich, dass sich die Nachrichten des Rahmen-

---

[99]   Dabei geht es um mehrere Bundesligaschiedsrichter, die den Ausgang von Bundesligaspielen manipuliert haben sollen und dafür angeblich von Bietern an Wettbörsen Geld erhalten haben sollen.

programmanbieters insgesamt deutlich stärker auf einzelne Personen konzent-rieren, als die der zweiten Welle des Westdeutschen Rundfunks.

Ob tatsächlich in der politischen Berichterstattung von Radio NRW – im Vergleich zu WDR 2 – unpersönliche Sachverhalte durch eine Konzentration auf das politische Personal verdrängt werden, wird anhand der Personen untersucht, die den Handlungsbereichen Kommunalpolitik, Landespolitik, Bundespolitik oder Internationale Politik[100] zugeordnet wurden. Aus Abbil-dung 6 wird ersichtlich, dass der prozentuale Anteil politischer Akteure an allen auftretenden Personen bei Radio NRW 40,4 und bei WDR 2 60,7 Prozent beträgt. Damit stellen diese bei beiden Sendern die mit Abstand größte Gruppe. Allerdings zeigen diese Werte auch, dass beim öffentlich-rechtlichen Sender nicht nur absolut mehr Personen auftreten, sondern auch der Anteil der politi-schen Akteure daran mit einem Vorsprung von 20 Prozent deutlich über dem Anteil bei Radio NRW liegt. Mit der Variable V06 wurde erhoben, ob die Person innerhalb der Meldung der zentrale Handlungsträger bzw. Anlass und Mittelpunkt der Berichterstattung und nicht durch eine andere zu ersetzen ist. Ist dies der Fall, besteht die Gefahr, dass in dieser Meldung relevante, unper-sönliche Sachverhalte zugunsten der Akteure in den Hintergrund treten. Ist die Sphäre der Berichterstattung darüber hinaus nicht die Öffentlichkeitssphäre, sondern die Privat- oder Sozialsphäre, ist mit hoher Wahrscheinlichkeit davon auszugehen, dass Personalisierung in ihrer negativen Form vorliegt. Denn ist ein Akteur zwar zentraler Handlungsträger, die Sphäre der Berichterstattung jedoch die Öffentliche, kann es sich um eine Meldung handeln, in der die Person bzw. ihr Handeln selbst die Nachricht ist, Sachverhalte also gar nicht verdrängt werden (bspw. W04-3, N15-1). Abbildung 7 stellt die prozentuale Häufigkeit der Variable zentraler Handlungsträger von Radio NRW und WDR 2 einander gegenüber.

---

[100] Trifft sich z.B. der afghanische Präsident Karsai mit US-Präsident Bush (N08-3), so wurde der Handlungsbereich Internationale Politik für beide Akteure vercodet. Äu-ßert sich dagegen der damalige nordrhein-westfälische Bauminister Vesper zum kommunalen Wohnungsbau, ist der Handlungsbereich dieses Akteurs die Landespoli-tik (W04-6).

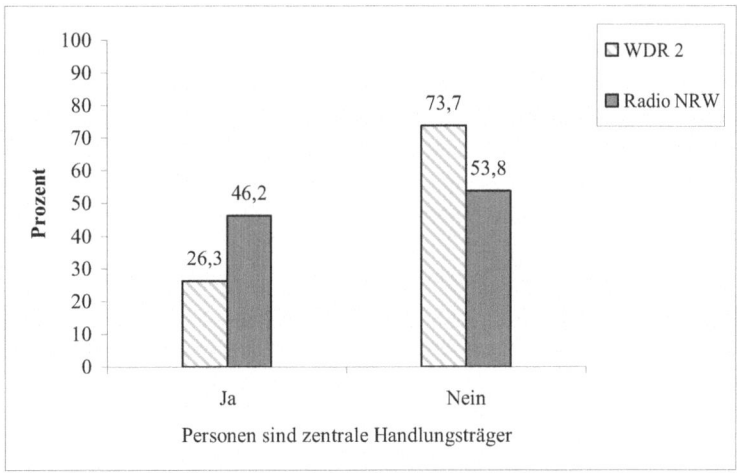

Abbildung 7: Rolle politischer Akteure
(Basis n = Anzahl aller politischen Akteure)

Hier zeigt sich, dass politische Akteure in den Nachrichten des kommerziellen Rahmenprogrammanbieters fast doppelt so häufig zentrale Handlungsträger sind. Ihr Anteil liegt gemessen an allen politischen Akteuren bei 46,2
Prozent (42 Personen), während er bei WDR 2 lediglich 26,3 Prozent (44
Personen) beträgt. Allerdings zeigt die Analyse der Berichterstattungssphäre,
dass sowohl bei Radio NRW als auch bei der zweiten Welle des Westdeutschen Rundfunks nur in einer vernachlässigbaren Zahl an Fällen aus der
Sozial- oder Privatsphäre des politischen Personals berichtet wird. Auch wenn
also bei Radio NRW deutlich häufiger politische Akteure im Zentrum der
Berichterstattung stehen als bei WDR 2, kann trotzdem die Hypothese, dass die
Nachrichten des kommerziellen Senders im negativen Sinne personalisierter
sind, nicht eindeutig bestätigt werden. Allerdings kann die verstärkte Konzentration auf Personen im Zusammenhang mit der – im Vergleich zu WDR 2 –
dreifachen Zahl an O-Tönen von politischen Akteuren durchaus als eine
Tendenz hin zu einer negativen Personalisierung gedeutet werden. Denn das zu
Wort kommen gibt der Person nicht nur eine größere Bedeutung als die
Nennung des Namens bzw. der Funktion oder direktes/indirektes zitieren;
gleichzeitig hat sie auch die Möglichkeit, sich selbst und die eigenen Meinungen und Standpunkte darzulegen und zu erläutern.

4.5 „Vielfalts-" Hypothese

Die vierte und letzte Hypothese bezieht sich sowohl auf die Vielfalt als auch
die Tiefe der Berichterstattung der beiden Sender. Geprüft wurde sie auf Ebene
der Sendungen und der Meldungen. In der Auswertung der Untersuchungsergebnisse steht in diesem Kapitel die Vielfalt vor der Tiefe.

Der Begriff der Vielfalt bezieht sich auf die unterschiedlichen Sachgebiete, die in den Meldungen thematisiert werden, auf die geografischen Bezüge in den Meldungen sowie die Repräsentation der unterschiedlichen Politikebenen in den politischen Meldungen. Je gleichmäßiger die Verteilung der Sachgebiete, der geografischen Bezüge und der politischen Ebenen ist, desto größer ist die Vielfalt der Berichterstattung. Wie bereits in Kapitel 3.3.4 dargelegt, wurde nicht jede Meldung genau einem Sachgebiet zugeordnet, sondern für jede Meldung alle Sachgebiete als dichotome Variablen vercodet. Diese Vorgehensweise hat mindestens zwei Vorteile: Zum einen werden alle in einer monothematischen Meldung vorkommenden Bezüge erfasst und zum anderen kann die Häufigkeit von Sachgebieten in einer Meldung als Indikator für die Breite der Berichterstattung genutzt werden. Denn je mehr Sachgebiete in einer Meldung thematisiert werden, desto größer ist die Zahl an Aspekten, die zu einem Thema in einer Meldung angesprochen werden. Beispielhaft sei an dieser Stelle Meldung W02-1 genannt, in der über eine Sitzung des Bundeskabinetts und deren Themen berichtet wird. Hier werden insgesamt vier Sachgebiete thematisiert.

Als Konsequenz aus dieser Vorgehensweise addiert sich jedoch logischerweise die Spaltenprozentierung von Tabelle 2 auf mehr als 100 Prozent. Des Weiteren ist zu berücksichtigen, dass die Variable Staat/Parteien lediglich als Kontrollvariable für den Politikfilter dient und quer zu den Sachgebieten liegt, so dass sie in der Auswertung dieser außen vor bleiben muss (Bruns/Marcinkowski 1997: 99). Tabelle 2 gibt einen Überblick über die absolute und prozentuale Häufigkeit der einzelnen Sachgebiete.

Insgesamt sind die einzelnen Sachgebiete in den Nachrichten des Westdeutschen Rundfunks gleichmäßiger vertreten als bei Radio NRW. Außerdem ist die Summe aller Sachgebiete bei WDR 2 deutlich höher, es werden also in den Nachrichten insgesamt mehr Sachgebiete thematisiert als beim Rahmenprogrammanbieter. Interessant ist auch der Vergleich der jeweils am häufigsten thematisierten Sachgebiete. Dies ist bei WDR 2 mit einem Anteil von 28,9 Prozent eindeutig die Wirtschaft. An zweiter Stelle folgt mit Abstand das Sachgebiet Recht (20,3 Prozent). Immerhin an dritter Stelle steht Human Interest/Boulevard mit 17,2 Prozent dicht gefolgt von Krieg/Terrorismus (16,8). Radio NRW dagegen thematisiert im Vergleich aller Sachgebiete in den Meldungen am häufigsten Human Interest/Boulevard mit 27,0 Prozent. Knapp dahinter liegt Wirtschaft mit 26,1 Prozent. Danach folgt mit weitem Abstand dann das Sachgebiet Service mit 14,3 Prozent.[101] An vierter Stelle liegt Recht vor Krieg/Terrorismus (10,4) mit 13,5 Prozent. Bezüglich der thematisierten Sachgebiete gibt es in den Nachrichten von Radio NRW also eine eindeutige Spitzengruppe (Human Interest/Boulevard und Wirtschaft), der dann erst mit sehr deutlichem Abstand von fast 15 Prozent die anderen Sachgebiete folgen. Signifikant sind außerdem die Unterschiede zwischen Radio NRW und WDR 2

---

[101]   Hinter diesem Sachgebiet verbergen sich die Wettermeldungen beider Sender, ansonsten konnte keine Meldung diesem Sachgebiet zugeordnet werden.

in vier Sachgebieten: Recht, Krieg/Terrorismus, territoriale Fragen/Sicherheit/Verteidigung und Unglücke/Unfälle. Während der öffentlich-rechtliche Sender bei den ersten drei eindeutig vorne liegt, berichtet der Privatsender fast dreimal so häufig über Unglücke und Unfälle.

Sachgebiet	WDR 2		Radio NRW	
	abs.	Prozent	abs.	Prozent
Wirtschaft	67	28,9	60	26,1
Wissenschaft / Technik / Forschung	8	3,4	8	3,5
Recht	47	20,3	31	13,5
Religion	9	3,9	3	1,3
Gesundheit / Soziales	19	8,2	12	5,2
Familie / Bildung / Erziehung	9	3,9	6	2,6
Verkehrssysteme	11	4,7	16	7
Umwelt / Natur	8	3,4	5	2,2
Naturkatastrophen	11	4,7	6	2,6
Unglücke / Unfälle	5	2,2	15	6,5
Krieg / Terrorismus	39	16,8	24	10,4
Territoriale Fragen / Sicherheit / Verteidigung	29	12,5	16	7
Sport	17	7,3	20	8,7
Kultur	5	2,2	0	0
Massenmedien	6	2,6	6	2,6
Service	33	14,2	33	14,3
Human Interest / Boulevard	40	17,2	62	27

Tabelle 2: relative Häufigkeit der Sachgebiete
(Basis n = Anzahl aller Meldungen)

Im Durchschnitt wurden in den Meldungen sowohl von Radio NRW als auch WDR 2 ungefähr die gleiche Zahl an Sachgebieten angesprochen (Radio NRW: 1,4; WDR 2: 1,6). Die Unterschiede zeigen sich jedoch, wenn man die prozentuale Häufigkeiten der Zahl an Sachgebieten pro Meldung gegenüberstellt (Abb. 8).

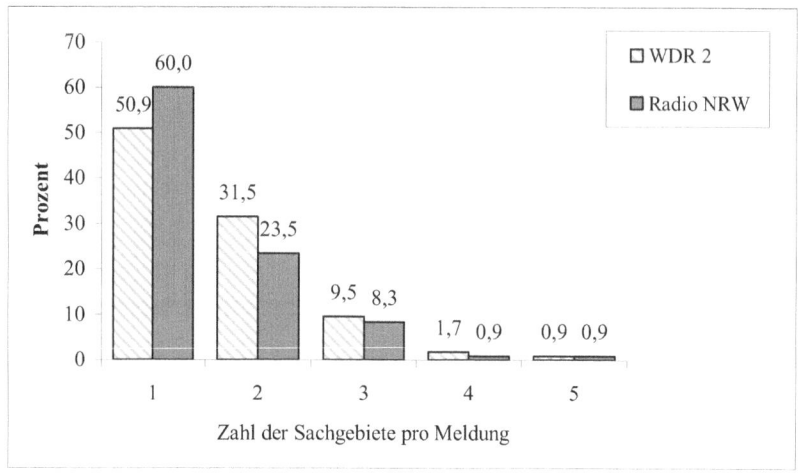

Abbildung 8: prozentualer Anteil der Zahl an Sachgebieten pro Meldung
(Basis n = Anzahl aller Meldungen)

In 60 Prozent aller Meldungen wird bei Radio NRW nur ein Sachgebiet behandelt. Der Anteil an Meldungen mit zwei Sachgebieten liegt mit 23,5 Prozent deutlich niedriger. Drei unterschiedliche Gebiete werden lediglich in 8,3 Prozent der Fälle angesprochen. Anders sieht dagegen die Verteilung bei WDR 2 aus. Hier thematisiert lediglich die Hälfte der Meldungen (50,9 Prozent) nur ein Sachgebiet. In 31,5 Prozent der Fälle werden zwei Sachgebiete abgedeckt, also fast 10 Prozent mehr als bei Radio NRW. Auch die Zahl an Meldungen, die drei Sachgebiete beinhalten, liegt bei der zweiten Welle des Westdeutschen Rundfunks über dem Wert des Rahmenprogrammanbieters. Aufgrund dieser Unterschiede ist davon auszugehen, dass der öffentlich-rechtliche Sender seine Zuhörer innerhalb der Meldungen breiter informiert, als die private Konkurrenz. Die absolute Zahl an Meldungen pro Sendung – nach Bruns/Marcinkowski ein weiterer Indikator für die Breite der Berichterstattung auf Sendungsebene – zeigt, dass hier kein Unterschied zwischen WDR 2 und Radio NRW besteht. Die Nachrichtensendungen von beiden enthalten im Schnitt sieben Meldungen (Tabelle 4 und 5).

Eine weitere Möglichkeit zur Ermittlung der Vielfalt der Berichterstattung bietet die Erhebung der Ereignisorte der einzelnen Meldungen. Daran lässt sich erkennen, wie die geografischen Regionen der Welt in den Nachrichten repräsentiert sind. Um Aussagen darüber machen zu können, welchen Anteil Meldungen aus dem Sendegebiet haben, wurde innerhalb der Bundesrepublik zwischen dem Land Nordrhein-Westfalen und den übrigen Bundesländern unterschieden. Die im Codebuch aufgeführten 49 Länder und Regionen wurden für die Auswertung zur Vereinfachung und Übersichtlichkeit zusammengefasst (Tabelle 3). Im Zentrum steht bei beiden Sendern die Bundesrepublik Deutschland, gefolgt von Nordrhein-Westfalen.

Ereignisort	WDR 2		Radio NRW	
	abs.	Prozent	abs.	Prozent
NRW	58	25	79	34,3
Bundesrepublik (außer NRW)	81	34,9	100	43,5
EU/EG	4	1,7	3	1,3
Europa (ohne EU/EG)	32	13,8	25	10,9
Russland/GUS-Staaten	3	1,3	1	0,4
USA/Kanada	17	7,3	16	7
Lateinamerika	4	1,7	2	0,9
Asien/Australien/ Neuseeland	7	3	2	0,9
Afrika	3	1,3	0	0
Naher u. Mittlerer Osten	19	8,2	1	0,4
kein Ereignisort	4	1,7	1	0,4
Summe	232	100	230	100

Tabelle 3: Übersicht Ereignisorte der Meldungen
(Basis n = Anzahl aller Meldungen)

Allerdings liegt der Anteil bei beiden Ereignisorten im Fall von Radio NRW um 10 Prozent über den Werten bei WDR 2. Mit einem Anteil von fast 80 Prozent dominieren Meldungen aus NRW und dem Rest der Republik die Nachrichten des Privatsenders. Diese Konzentration geht eindeutig zu Lasten von Meldungen aus den übrigen Teilen der Welt. Denn nur noch die Länder Europas sowie USA/Kanada sind in nennenswerter Häufigkeit (10,9 bzw. 7 Prozent) vertreten. WDR 2 dagegen berichtet in 38,4 Prozent der Meldungen über Ereignisse außerhalb von Deutschland. Schwerpunkte liegen dabei auf den übrigen europäischen Ländern, USA/Kanada und dem Nahen und Mittleren Osten. Auffallend ist dabei, dass über die letztgenannte Region - einen der zentralen Krisenherde dieser Welt – sogar häufiger berichtet wird, als aus Nordamerika. Zusammenfassend lässt sich festhalten, dass die öffentlich-rechtliche Berichterstattung bezüglich der geografischen Verteilung eindeutig vielfältiger ist.

Als letzter Indikator für die Vielfältigkeit der Berichterstattung dient die Repräsentation der unterschiedlichen Politikebenen in den Nachrichten. Dabei wurde jeder – im weiten oder engen Sinne – politischen Meldung eine Politikebene zugeordnet. Das gilt natürlich auch für politische Meldungen aus dem Ausland. Wie zu erwarten war, berichten beide Sender überwiegend über das politische Geschehen auf nationaler Ebene. Der Vorsprung von Radio NRW beträgt hier lediglich 2,7 Prozent (Abb. 9).

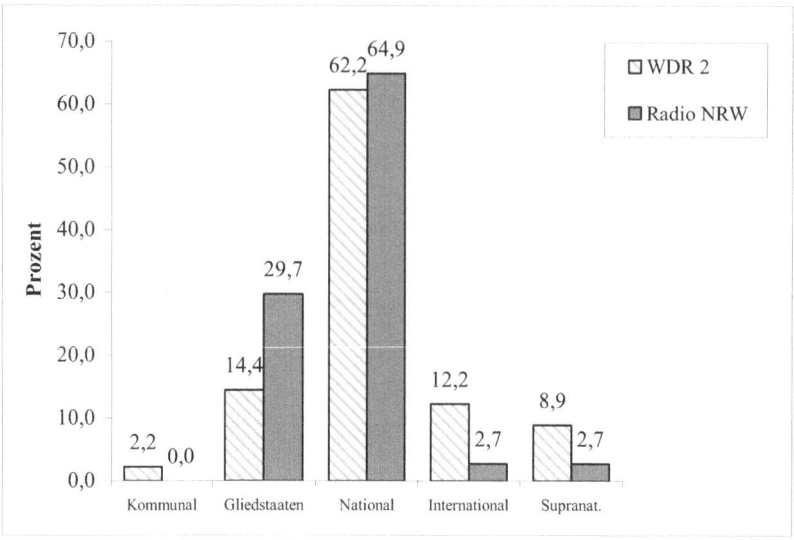

Abbildung 9: prozentualer Anteil der Politikebenen
(Basis n = Anzahl aller politischen Meldungen)

An zweiter Stelle steht sowohl bei WDR 2 als auch bei Radio NRW die Ebene der Gliedstaaten, wobei der Anteil an allen politischen Meldungen beim Privatsender mit 29,7 Prozent fast doppelt so hoch ist, wie beim Westdeutschen Rundfunk (14,4). Bringt man dieses Ergebnis in Verbindung mit der geografischen Verteilung wird deutlich, dass sich die Nachrichten von Radio NRW eindeutig auf die national- und gliedstaatliche Ebene der Bundesrepublik konzentriert. Bei WDR 2 liegt zumindest der Anteil der internationalen Ebene im zweistelligen Bereich (12,2), gefolgt von der supranationalen (8,9). Die kommunale Ebene hat immerhin noch einen Anteil von 2,2 Prozent. Bei Radio NRW dagegen bezieht sich keine der Meldungen auf diese Ebene während die internationale und die supranationale jeweils in 2,7 Prozent der Fälle auftreten. Der Grund für die offensichtliche Vernachlässigung der Kommunalpolitik könnte darin liegen, dass beide Sender zur halben Stunde lokale Nachrichten senden, in denen diese behandelt wird. Abgesehen davon hat der Vergleich der Politikebenen in den politischen Meldungen jedoch gezeigt, dass die Berichterstattung von WDR 2 eindeutig ein höheres Maß an Vielfalt aufweist und die Komplexität des politischen Prozesses auf den unterschiedlichen Ebenen angemessener widerspiegelt.

Zum Abschluss dieses Kapitels erfolgt noch der Vergleich der Berichterstattungstiefe. Indikator dafür ist zum einen die Länge der Meldungen sowie die Variable Faktendimensionierung. Auch an dieser Stelle zeigen sich erneut eindeutige Unterschiede zwischen den öffentlich-rechtlichen und der privaten Nachrichten. Denn während eine Meldung bei Radio NRW im Durchschnitt 0'26 Minuten dauert, ist sie bei WDR 2 0'41 Minuten lang, woraus sich eine Differenz von 15 Sekunden ergibt. Diese resultiert aus dem Aufbau der

71

Nachrichten des Rahmenprogrammanbieters. Denn die Meldungen des Kurz-
nachrichtenblocks sind in der Regel nur 0'10 Minuten lang. Da sie bei einer
durchschnittlichen Zahl von sieben Meldungen pro Sendung fast die Hälfte
dieser ausmachen, haben sie einen dementsprechenden Einfluss auf die
durchschnittliche Länge aller Meldungen. Das bleibt auch nicht ohne Wirkung
auf die inhaltliche Gestaltung. Denn in derartig kurzen Meldungen bleibt kaum
Zeit, neben den reinen Fakten Hintergrundinformationen wie Ursachen,
Folgen, Begründungen etc. darzustellen. Dementsprechend niedriger ist der
Anteil an Meldungen bei Radio NRW, der diese Hintergrundinformationen
bietet. Er liegt mit 35,7 Prozent mehr als 20 Prozent unter dem entsprechenden
Wert bei WDR 2 (56,9 Prozent; Abbildung 10).

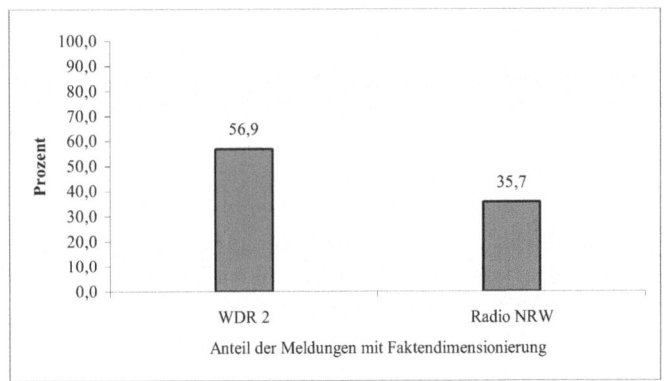

Abbildung 10: prozentualer Anteil der Meldungen mit Faktendimensionierung
(Basis n = Anzahl aller Meldungen)

Fasst man die Resultate dieses Teilkapitels zusammen, so stellt sich heraus,
dass die vierte Hypothese nur zum Teil bestätigt wurde. Denn tatsächlich haben
der Vergleich der Meldungslänge und die Gegenüberstellung des Anteils an
Meldungen mit Faktendimensionierung gezeigt, dass die Nachrichten der
zweiten Welle des WDR die Zuhörer tiefergehender informieren. Darüber
hinaus bestehen jedoch – anders als in der Hypothese vermutet – auch eindeutige Unterschiede bezüglich der Vielfalt der Berichterstattung. Und das gilt
durchweg für alle Variablen, die der Erhebung der Vielfalt dienen. Denn es
konnte bei Radio NRW nicht nur eine „Spitzengruppe" an Sachgebieten
identifiziert werden, auch die Zahl an Meldungen mit mehr als einem Sachgebiet liegt deutlich unter der von WDR 2. Bezogen auf die Repräsentation der
geografischen Regionen kann man außerdem fast von einer Vernachlässigung
der Länder außerhalb Europas und Nordamerikas sprechen.

4.6 Zusammenfassung

Nach der Überprüfung der einzelnen Hypothesen werden zum Schluss dieses Kapitels noch einmal die zentralen Ergebnisse zusammenfassend bewertet. Ziel der quantitativen Inhaltsanalyse war es, die Unterschiede und Ähnlichkeiten in der Nachrichtenberichterstattung des öffentlich-rechtlichen Senders WDR 2 und des privaten Rahmenprogrammanbieters Radio NRW herauszuarbeiten. Dazu wurden vier Hypothesen entwickelt, die anhand der Stichprobe überprüft wurden. Im Mittelpunkt stand dabei die Informationsleistung der Hörfunknachrichten bezüglich der politischen Berichterstattung.

Bereits im Rahmen der qualitativen Sendungsbeschreibungen sind erste Unterschiede deutlich geworden. Im Vergleich zu den nüchternen Nachrichten, die abgesehen von einem Jingle zu Beginn der Sendung und einem Musikbett für die Wettervorhersage völlig ohne akustische Elemente auskommen, ist die „Verpackung" der Nachrichten der privaten Konkurrenz eindeutig vielfältiger. Am Anfang werden die wichtigsten Themen bereits vor den Meldungen in Form von Schlagzeilen genannt, was nach Ansicht von Schönbach/Goertz durchaus der Verständlichkeit und der Erinnerung dienlich ist (Schönbach, Goertz 1995: 110). Auch innerhalb der Sendung werden immer wieder akustische Signale und Jingles eingesetzt, um bestimmte Sendungselemente wie die Kurznachrichten oder besondere Themen anzukündigen. Insgesamt wirken die Nachrichten für den Zuhörer jedoch keinesfalls überladen und die Informationen werden auch nicht durch die akustische Gestaltung in den Hintergrund gedrängt.

Spätestens die quantitative Analyse der einzelnen Meldungen und der gesamten Sendungen haben dann gravierende Unterschiede in der Berichterstattung zu Tage gefördert. Eine der zentralen Hypothesen dieser Arbeit, die der „Entpolitisierung" der privaten Nachrichten im Vergleich zu den öffentlich-rechtlichen, wurde eindrucksvoll bestätigt. Der Anteil politischer Nachrichten im weiten Sinne – an allen Meldungen der Stichprobe – beträgt bei Radio NRW mit 13,5 Prozent lediglich die Hälfte des öffentlich-rechtlichen Konkurrenten (26,3 Prozent). Tiefgründige Informationen über das politische Geschehen, die beteiligten Akteure und Betroffene bietet der Privatsender nur in 2,6 Prozent der Meldungen. Auch wenn der provokant formulierte Titel dies suggerieren mag, bedeuten die Ergebnisse keine völlige Entpolitisierung der privaten Nachrichtenberichterstattung. Allerdings scheint die Politik eindeutig nicht im Fokus der Radio NRW-Nachrichten zu liegen. Das zeigt auch die erstaunlich hohe Zahl an völlig politikfreien Sendungen des Rahmenprogrammanbieters: sieben von 33 Ausgaben der Nachrichten enthielten keinerlei politische Meldung, was einem Anteil von 21,2 Prozent entspricht. Innerhalb der politischen Meldungen konzentriert sich Radio NRW zudem auf das Geschehen in NRW und der Bundesrepublik, was sich sowohl an der Verteilung der geografischen Bezüge als auch der Politikebenen erkennen lässt. Die Nachrichten von WDR 2 „streuen" ihre Berichterstattung dagegen bezogen auf die Politikebenen und die Ereignisorte breiter. Anhand der „Personalisierungs-"

Hypothese sollten Aussagen darüber ermöglicht werden, ob durch die Konzentration auf das politische Personal relevante Sachverhalte zurückgedrängt werden. Dazu wurde für alle politischen Akteure, die in Meldungen zentrale Handlungsträger waren, die Sphäre der Berichterstattung erhoben. Bezieht sich die Berichterstattung verstärkt auf die Privatsphäre der Akteure, so ist davon auszugehen, dass Personalisierung in ihrer negativen Ausprägung vorliegt. Doch bei beiden Sendern trat dieser Fall nicht in nennenswerter Zahl auf. Es ist lediglich deutlich geworden, dass beim Rahmenprogrammanbieter fast doppelt so häufig politische Akteure die zentralen Handlungsträger sind, wie bei WDR 2 (Abbildung 7). Die politischen Meldungen – wie auch die Meldungen insgesamt – von Radio NRW sind also deutlich personalisierter; anhand des Untersuchungsdesigns ließ sich jedoch nicht der Nachweis erbringen, dass dadurch in erhöhtem Maße unpersönliche Sachverhalte verdrängt wurden.

Dafür hat die Überprüfung der „Boulevardisierungs-" Hypothese gezeigt, wo bei Radio NRW der Schwerpunkt der Berichterstattung liegt: Meldungen des Sachgebietes Human Interest/Boulevard. Dieses steht – wenn auch nur knapp vor der Wirtschaft – bei der Häufigkeit der Sachgebiete an erster Stelle (Tabelle 2). Innerhalb des Sachgebietes dominieren – im Gegensatz zu WDR 2 – Meldungen über private Schicksale und Tragödien sowie Straftaten wie Betrug, Entführung, Mord, Gewalttätigkeiten und Missbrauch. Dementsprechend stehen nicht-organisierte Privatpersonen nicht nur in der Häufigkeitsverteilung der Handlungsbereiche der Akteure bei Radio NRW mit 22,9 Prozent an zweiter Stelle, während der Anteil beim öffentlich-rechtlichen Sender nur vier Prozent beträgt (Tabelle 1). Außerdem wird in den Fällen, in denen diese Privatpersonen zentrale Handlungsträger sind, zu annähernd 80 Prozent aus der Privatsphäre berichtet. Aufgrund der eindeutigen Ergebnisse kann auch diese Hypothese als bestätigt angesehen werden.

Die Analyse der Vielfalt, Breite und Tiefe der Nachrichtensendungen hat letztlich die vorherigen Ergebnisse bestätigt und untermauert. Anders als angenommen traten auch bezüglich der Vielfalt und Breite der Berichterstattung deutliche Unterschiede zwischen WDR 2 und Radio NRW hervor. Während bei der Verteilung der Sachgebiete für den Rahmenprogrammanbieter eine Spitzengruppe (Human Interest/Boulevard, Wirtschaft) identifiziert werden konnte, sind die Sachgebiete in den Nachrichten von WDR 2 im Vergleich dazu gleichmäßiger vertreten (Tabelle 2). Das gleiche gilt für die Breite der Berichterstattung innerhalb der Meldungen, die anhand der Zahl an Sachgebieten pro Meldung erhoben wurde, sowie für die geografischen Bezüge. Der zweite Teil der „Vielfalts-" Hypothese, nach dem sich die Nachrichten der zweiten Welle des WDR durch ein höheres Maß an Tiefe in der Berichterstattung auszeichnen, hat sich dagegen als richtig herausgestellt. Denn auch wenn beide Nachrichtensendung im Durchschnitt sieben Meldungen beinhalten, bieten nur 35,7 Prozent der Meldungen von Radio NRW den Zuhörern eine ausführliche und hintergründige Berichterstattung, während dieser Anteil bei WDR 2 56,9 Prozent beträgt (Tabelle 4, 5; Abbildung 10).

Auch wenn die vorliegende Analyse lediglich den Ist-Zustand im Jahre 2005 zeigt, können die Ergebnisse trotzdem als Widerlegung der in Kapitel 1.3 erwähnten und umstrittenen Konvergenzhypothese gewertet werden. Denn weder in Bezug auf die Präsentation noch auf die inhaltliche Gestaltung kann von einer Annäherung gesprochen werden. Auch wenn beide Sender insgesamt eine ähnliche Zielgruppe ansprechen, bieten sie ihren Zuhörern doch sehr unterschiedliche Nachrichtenkonzepte.

Resümee

In der Betrachtung der Untersuchungsergebnisse einer vergleichenden quantitativen Inhaltsanalyse der Hörfunknachrichten des öffentlich-rechtlichen Senders WDR 2 mit dem privat-kommerziellen Rahmenprogrammanbieter Radio NRW stechen für den Autor vor allem zwei eng miteinander verbundene Erkenntnisse hervor: Zum einen die derart eindeutige Bestätigung der „Entpolitisierungs-" und „Boulevardisierungs-" Hypothese sowie die Ergebnisse der Vielfalts- und Tiefenanalyse und zum anderen die daraus resultierenden deutlichen Unterschiede in der Nachrichtenberichterstattung zwischen WDR 2 und Radio NRW. Auch wenn beide Sender eine ähnliche Zielgruppe ansprechen und sich durch ein „magaziniertes" Programm auszeichnen, verfolgen sie doch zwei unterschiedliche Nachrichtenkonzepte. Die zweite Welle des Westdeutschen Rundfunks bietet den Zuhörern Nachrichten mit einem relativ hohen Anteil politischer Meldungen aus den verschiedenen Ländern und Regionen der Welt sowie einem vergleichsweise geringen Anteil boulevardesker Themen. Darüber hinaus zeichnen sich die stündlichen Nachrichten durch eine Vielfalt der sachlichen Bezüge sowie in über 50 Prozent aller Meldungen durch tiefgehende und hintergründige Informationen aus.

Die Nachrichten von Radio NRW dagegen setzen auf die schnelle und knappe Information ihrer Zuhörer, konzentrieren sich dabei sowohl auf Nordrhein-Westfalen als auch den Rest der Republik und räumen Human Interest- bzw. Boulevard-Themen viel Sendezeit ein. Darüber hinaus bietet der Sender den Radiohörern praktische Tipps und Lebenshilfe. Politische Meldungen sind selbstverständlich auch Teil der Nachrichten, haben jedoch eine deutlich geringere Priorität als bei der öffentlich-rechtlichen Konkurrenz. Eine der Konsequenzen aus dieser Konzeption ist die Tatsache, dass über die Ereignisse in einem der zentralen Krisenherde der Welt, dem Nahen und Mittleren Osten, nur am Rande berichtet wird. Sowohl die prekäre Sicherheitslage im Irak als auch die Räumung der jüdischen Siedlungen im Gazastreifen, die von heftigen Protesten radikaler Siedlungsbefürworter begleitet wurde, finden in den privaten Nachrichten nicht statt.

Die Frage nach den Gründen für diese unterschiedlichen Konzeptionen kann an dieser Stelle höchstens ansatzweise beantwortet werden. Jedoch zeigt schon die Selbstbeschreibung von WDR 2 als „Informationsleitwelle", dass der öffentlich-rechtliche Sender die vielfältige und ausgewogene Information der Hörer als seine Kernkompetenz ansieht. Die Erfüllung des Programmauftrags, „einen umfassenden Überblick über das internationale, europäische und nationale Geschehen in allen wesentlichen Lebensbereichen zu geben" (WDR-Gesetz § 4) stellt für ihn – zumindest in den stündlichen Nachrichten von WDR 2 – keine lästige Pflicht dar. Radio NRW dagegen orientiert sich primär an einem angenommenen oder tatsächlichen Publikumsgeschmack und ist als privates Unternehmen an einem aus wirtschaftlicher Perspektive effektiven und effizienten Programm interessiert. Ein teures, weltweites Korrespondentennetz oder auch differenzierte und somit ebenfalls kostenintensive redaktionelle

© Springer Fachmedien Wiesbaden GmbH, ein Teil von Springer Nature 2007
A. Primavesi, *Hörfunknachrichten im Wandel*, Edition KWV,
https://doi.org/10.1007/978-3-658-24700-3_6

Strukturen sind damit nur schwer in Einklang zu bringen.[102] Diese sind jedoch für die fundierte politische Berichterstattung unerlässlich.

Die Tatsache, dass die in der wissenschaftlichen Diskussion befürchteten negativen Auswirkungen des medialen Wandels (Kapitel 1.3) nach der empirischen Überprüfung vor allem für die Nachrichtenberichterstattung des privatkommerziellen Rahmenprogrammanbieters gelten, zeigt die dringende Notwendigkeit einer differenzierten Betrachtung des Gegenstandes. Denn vor allem in theoretischen Texten werden oftmals pauschal für den gesamten Rundfunk derlei Behauptungen aufgestellt, ohne zwischen den Medien oder Organisationsformen zu unterscheiden. Auch wenn die von Peter Widlok bereits 1994 konstatierte gänzliche „Entpolitisierung" des Hörfunks nicht stattgefunden hat, so ist bei einem Anteil von lediglich 16,1 Prozent politischer Nachrichten durchaus die Frage berechtigt, ob noch von Politikvermittlung gesprochen werden kann. Vor allem wenn dies mit einem derartig hohen Anteil an Boulevardthemen einhergeht wie bei Radio NRW. Weiterhin bedenklich ist die große Zahl an Fällen, in denen politische Akteure in den Nachrichten des Privatsenders im Zentrum der Berichterstattung stehen. Denn auch wenn anhand des Forschungsdesigns nicht der eindeutige Beweis erbracht werden konnte, dass es sich dabei um Personalisierung im negativen Sinne handelt, so zeigen die Ergebnisse doch eine relativ eindeutige Tendenz auf.

Die große Schwierigkeit in der Bewertung der Untersuchungsergebnisse besteht jedoch darin, dass – aus den bereits genannten Gründen – nur ein Vergleich des Ist-Zustandes möglich war, nicht jedoch die Analyse der Entwicklung über einen längeren Zeitraum hinweg. Doch erst Längsschnittanalysen bieten die Möglichkeit, langfristige Entwicklungen abzubilden. Würden derartige Untersuchungen zeigen, dass sich die Berichterstattung von Radio NRW in einem kontinuierlichen Wandlungsprozess befindet, ließe das die vorliegenden Ergebnisse noch einmal in einem anderen Licht erscheinen.

Nach Meinung des Autors wird der Hörfunk zu Unrecht von der wissenschaftlichen Forschung vernachlässigt und stellt ein faszinierendes Forschungsobjekt dar, wie sich an dieser Arbeit gezeigt hat. Darüber hinausgehend wurde die Relevanz des Gegenstandes durch die in der Einleitung erwähnten Ergebnisse der neuesten Erhebung der Langzeitstudie Massenkommunikation bestätigt. Denn das am häufigsten genutzte Medium verdient wenigstens eine dem „Leitmedium" Fernsehen gleichwertige Behandlung. Mangel besteht – wie bereits mehrfach erwähnt – vor allem an Analysen der Berichterstattung über einen längeren Zeitraum hinweg. Weiterhin fehlt ein einheitlicher Begriffsrahmen, der auch die Vergleichbarkeit von Studien aus den verschiedenen Bundesländern gewährleisten würde. Ein Teil dessen könnten die von Bruns/Marcinkowski entwickelten und in dieser Arbeit verwandten Dimensionen des Politischen darstellen. Dadurch, dass unabhängig vom Sachgebiet einer

---

[102]   Dabei muss berücksichtigt werden, dass das Korrespondentennetz der ARD auch nur deshalb finanzierbar ist, weil es von allen Anstalten zusammen getragen wird. Vgl. ausführlich zu den Veränderungen der Organisationsstrukturen Jarren 2001.

Meldung erhoben wird, ob sie politisch ist oder nicht, ist eine differenzierte und genaue Analyse möglich. Darüber hinaus bedarf das Phänomen der Personalisierung einer weiteren, genauen Untersuchung. Denn in der vorliegenden Arbeit konnte lediglich nachgewiesen werden, dass sich die Nachrichten von Radio NRW stärker auf Personen als Handlungsträger konzentrieren. Welchen genauen Einfluss das auf die unpersönlichen Sachverhalte in politischen Meldungen hat, konnte nicht eindeutig geklärt werden. Doch gerade das ist von Interesse. Denn falls die Fokussierung auf die beteiligten Akteure tatsächlich relevante Sachverhalte in den Hintergrund drängt, ist die angemessene Darstellung komplexer politischer Entscheidungsprozesse und -zusammenhänge gefährdet. Es ist allerdings anzunehmen, dass dafür eine rein quantitative Analyse der Meldungen nicht ausreicht, sondern vielmehr eine qualitative Analyse notwendig ist.

Jenseits von wissenschaftlichen Diskussionen um die angemessene mediale Politikvermittlung verdeutlicht der anhaltende Erfolg der nordrhein-westfälischen Lokalsender jedoch, dass offensichtlich ein Bedürfnis nach überwiegend unterhaltenden Nachrichten existiert. Des Weiteren ist zu bedenken, dass durch derartig gestaltete Nachrichten Menschen mit – wenn auch reduzierten und weniger tiefgründigen – politischen Informationen erreicht werden, die sich ansonsten der politischen Berichterstattung selbst entziehen.

Daraus lassen sich abschließend zwei Folgerungen ableiten. Auf der einen Seite ist öffentlich-rechtlicher und gebührenfinanzierter Rundfunk für die mediale Politikvermittlung von unschätzbarem Wert, da er in einer zunehmend unübersichtlichen und von kommerziellen Zwängen beeinflussten Medienlandschaft den Rezipienten die Möglichkeit der ausgewogenen und vielfältigen Information bietet. Andererseits darf in der oftmals aufgeheizten Diskussion um die Mediengesellschaft und die unbestrittene Notwendigkeit sowie Bedeutung massenmedialer Kommunikation nicht vergessen werden, dass auch jenseits von Hörfunk und Fernsehen Politikvermittlung stattfinden kann und muss. Die Beschäftigung damit, wie diese unter den gegebenen Bedingungen optimiert werden kann, hat mindestens die gleiche Aufmerksamkeit verdient, wie die Erforschung des Verhältnisses von Politik und Medien.

Literaturverzeichnis

Altmeppen, Klaus-Dieter/Löffelholz, Martin 1998: Zwischen Verlautbarungs-organ und "vierter Gewalt". Strukturen, Abhängigkeiten und Perspekti-ven des politischen Journalismus. In: Sarcinelli, Ulrich (Hrsg.) 1998: Politikvermittlung und Demokratie in der Mediengesellschaft. Bonn: Bundeszentrale für politische Bildung. S. 97-123.

Andersen, Uwe/Woyke, Wichard 2000: Handwörterbuch des politischen Systems der Bundesrepublik Deutschland. Bonn: Bundeszentrale für po-litische Bildung.

ARD 2005a:
http://www.ard.de/intern/basisdaten/h_C3_B6rfunknutzung/-/id=55150/rg70kk/index.html. (14.09.2005).

ARD 2005b:
http://www.ard.de/intern/basisdaten/h_C3_B6rfunknutzung/h_26_23246_3Brfunknutzung_20der_20_ard-programme_20_20m/-/id=55126/1ilrjo6/index.html. (14.09.2005).

ARD 2005c:
http://www.ard.de/intern/basisdaten/h_C3_B6rfunknutzung/h_26_23246_3Brfunknutzung_20der_20_privaten_20program/-/id=55142/15m44p5/index.html. (14.09.2005).

Arnold, Bernd-Peter 1991a: Die Perspektive der Praxis. In: Arnold, Bernd-Peter/Quandt, Siegfried (Hrsg.) 1991: Radio heute. Die neuen Trends im Hörfunkjournalismus. Frankfurt a.M.: Inst. für Medienentwicklung und Kommunikation. S. 15-17.

Arnold, Bernd-Peter 1991b: Die Eigenarten des Mediums Programmauftrag und Programmstrukturen. In: Arnold, Bernd-Peter/Quandt, Siegfried (Hrsg.) 1991: Radio heute. Die neuen Trends im Hörfunkjournalismus. Frankfurt a.M.: Inst. für Medienentwicklung und Kommunikation. S. 133-144.

Arnold, Bernd-Peter 1991c: Informationsvermittlung. In: Arnold, Bernd-Peter/Quandt, Siegfried (Hrsg.) 1991: Radio heute. Die neuen Trends im Hörfunkjournalismus. Frankfurt a.M.: Inst. für Medienentwicklung und Kommunikation. S. 171-184.

Arnold, Bernd-Peter 1999: ABC des Hörfunks. Konstanz: Ölschläger.

Arnold, Bernd-Peter/Quandt, Siegfried (Hrsg.) 1991: Radio heute. Die neuen Trends im Hörfunkjournalismus. Frankfurt a.M.: Inst. für Medienent-wicklung und Kommunikation.

Bargstedt, Peter/Weiß, Ralph 1987: Die Morgennachrichten im Hörfunk Themen. Akteure - Nachrichtenstile. Hamburg: Hans-Bredow-Institut.

Barth, Christof/Schröter, Christian (Hrsg.) 1997: Radioperspektiven. Struktu-ren und Programme. Baden-Baden: Nomos Verlagsgesellschaft.

© Springer Fachmedien Wiesbaden GmbH, ein Teil von Springer Nature 2007
A. Primavesi, *Hörfunknachrichten im Wandel*, Edition KWV,
https://doi.org/10.1007/978-3-658-24700-3

Bergsdorf, Wolfgang 1980: Die vierte Gewalt. Einführung in die politische Massenkommunikation. Mainz: von Hase & Koehler.

Bieber, Christoph 2003: Bausteine der Mediendemokratie. Ein Werkstattbericht. In: Massing, Peter (Hrsg.) 2003: Mediendemokratie. Eine Einführung. Schwalbach: Wochenschau Verlag. S. 10-33.

Blaes, Ruth (Hrsg.) 2000: Handwerk Nachrichten. Wiesbaden: ZFP.

Bleicher, Joan Kristin 1998: Das Ohr zur Welt. Vermittlungsformen und -möglichkeiten des Hörfunks. In: Zeitschrift für Literaturwissenschaft und Linguistik, 28. Jg., H. 111. S. 146-153.

Blödorn, Sascha/Gerhards, Maria/Klingler, Walter 1999: Informationsvermittlung durch elektronische Medien. Eine Zwischenbilanz Ende der neunziger Jahre. In: Roters, Gunnar/Klingler, Walter/ Gerhards, Maria (Hrsg.) 1999: Information und Informationsrezeption. Baden-Baden: Nomos Verlagsgesellschaft. S. 85-101.

Blumers, Marianne 1998: Intensität der Radionutzung: Rezeptionsmuster beim Radiohören. In: Lindner-Braun, Christa (Hrsg.) 1998a: Radioforschung. Konzepte, Instrumente und Ergebnisse aus der Praxis. Opladen: Westdeutscher Verlag. S. 83-98.

Böckelmann, Frank 1999: Hörfunk in Deutschland. Rahmenbedingungen und Wettbewerbssituation. Berlin: Vistas.

Bollinger, Michael 1997: Trailer und Comic. In: LaRoche, Walther von/Buchholz, Axel (Hrsg.) 1997: Radio-Journalismus. Ein Handbuch für Ausbildung und Praxis im Hörfunk. München: Paul List Verlag. S. 205-207.

Brosius, Hans-Bernd/Koschel, Friederike 2001: Methoden der empirischen Kommunikationsforschung. Eine Einführung. Wiesbaden: Westdeutscher Verlag.

Bruns, Thomas/Marcinkowski, Frank 1996: Konvergenz Revisted. Neue Befunde zu einer älteren Diskussion. In: Rundfunk und Fernsehen, 44. Jg., H. 44. S. 461-478.

Bruns, Thomas/Marcinkowski, Frank 1997: Politische Information im Fernsehen. Eine Längsschnittstudie zur Veränderung der Politikvermittlung in Nachrichten und politischen Informationssendungen. Opladen: Leske + Budrich.

Bucher, Hans-Jürgen/Klingler, Walter/Schröter, Christian (Hrsg.) 1995: Radiotrends. Formate, Konzepte und Analysen. Baden Baden: Nomos Verlagsgesellschaft.

Buchholz, Axel 1995: "Klassische Nachrichten" in der Defensive. Der O-Ton-Nachrichtentrend aus Sicht eines Praktikers. In: Bucher, Hans-Jürgen/Klingler, Walter/Schröter, Christian (Hrsg.) 1995: Radiotrends. Formate, Konzepte und Analysen. Baden Baden: Nomos Verlagsgesellschaft. S. 159-162.

Buchholz, Axel 1996: Hörfunk - Medium der Information oder der Unterhaltung? In: EMR-Dialog (Hrsg.) 1996: Die publizistische Leistung des privaten Hörfunks - zwischen Dudelfunk und Grundversorgung? München: Jehle-Rehm. S. 7-22.

Buchholz, Axel/Müller, Martin/Lemmer, Christoph 1995: Hörfunknachrichten im dualen System: Konvergenz oder Konkurrenz? Ein Streitgespräch zwischen Martin Müller und Christoph Lemmer, moderiert von Axel Buchholz. In: Bucher, Hans-Jürgen/Klingler, Walter/Schröter, Christian (Hrsg.) 1995: Radiotrends. Formate, Konzepte und Analysen. Baden Baden: Nomos Verlagsgesellschaft. S. 179-190.

Dausner, Thomas 1996: Rahmen- und Mantelprogrammzulieferer für privaten Hörfunk in der Bundesrepublik Deutschland. Sinzheim: Pro Universitate Verlag.

Detterbeck, Klaus 2003: Parteiendemokratie in der Mediengesellschaft. In: Massing, Peter (Hrsg.) 2003: Mediendemokratie. Eine Einführung. Schwalbach: Wochenschau Verlag. S. 50-66.

Donges, Patrick/Steinwärder, Philipp 1998: Die Entwicklung des Zwei-Säulen-Modells. Eine interdisziplinäre Untersuchung des lokalen Hörfunks in Nordrhein-Westfalen. Opladen: Leske+Budrich.

Dörner, Andreas; Vogt, Ludgera 2002: Der Wahlkampf als Ritual. Zur Inszenierung der Demokratie in der Multioptionsgesellschaft. In: Aus Politik und Zeitgeschichte, Jg. 2002, H. B15-16. S. 15-22.

Ecke, Jörg-Oliver/Stuiber, Heinz-Werner 1995: Nachrichten im Hörfunk. Hinweise auf ihre Bedeutung und Bewertung. In: Bucher, Hans-Jürgen/Klingler, Walter/Schröter, Christian (Hrsg.) 1995: Radiotrends. Formate, Konzepte und Analysen. Baden Baden: Nomos Verlagsgesellschaft. S. 163-178.

Eichhorn, Wolfgang/Rieß, Martin/Scherer, Helmut 1996: Die publizistische Leistung der Lokalradios in Bayern. Ergebnisse einer vergleichenden Inhaltsanalyse. In: Hömberg, Walter/Pürer, Heinz (Hrsg.) 1996: Medien-Transformation. Zehn Jahre dualer Rundfunk in Deutschland. Konstanz: UVK-Medien. S. 210-226.

EMR-Dialog (Hrsg.) 1996: Die publizistische Leistung des privaten Hörfunks - zwischen Dudelfunk und Grundversorgung? München: Jehle-Rehm.

Frei, Peter 1997: Informationsleistung des Hörfunks. In: Barth, Christof/Schröter, Christian (Hrsg.) 1997: Radioperspektiven. Strukturen und Programme. Baden-Baden: Nomos Verlagsgesellschaft. S. 205-210.

Friedrichsen, Mike 1992: Wirtschaft im Fernsehen. München: Fischer.

Früh, Werner 2001: Inhaltsanalyse. Theorie und Praxis. Konstanz: UVK Verlagsgesellschaft.

Greger, Volker 1998: Privatisierung politischer Berichterstattung im Fernsehen? Zur Veränderung der Akteursstruktur in politischen Informationssendungen von 1986 bis 1994. In: Imhof, Kurt/ Schulz, Peter (Hrsg.) 1998: Die Veröffentlichung des Privaten - die Privatisierung des Öffentlichen. Opladen: Westdeutscher Verlag. S. 251-282.

Greiner, Klaus 2000: Formatspezifische Nachrichten. In: Blaes, Ruth (Hrsg.) 2000: Handwerk Nachrichten. Wiesbaden: ZFP. S. 85-90.

Haas, Herbert 2005: Vielfalt ist unsere Stärke - Klassisch, mit Tönen oder ganz kurz.
http://www.wdr.de/radio/radiohome/nachrichten/wir/nachrichtenformate .phtml. (14.09.2005).

Haaß, Christoph 1994: Radionachrichten - öffentlich-rechtlich versus privat Ein Vergleich zwischen Hessischem Rundfunk und Radio FFH. München: Reinhard Fischer.

Halefeldt, Horst O. 1999: Programmgeschichte des Hörfunks. In: Wilke, Jürgen (Hrsg.) 1999a: Mediengeschichte der Bundesrepublik Deutschland. Bonn: Bundeszentrale für politische Bildung. S. 211-230.

Handel, Ulrike 2002: Radiomarkt in Deutschland. In: Fachjournalist, Jg. 2002, H. 2. S. 15-18.

Hasebrink, Uwe 1994: Hörfunk - ein politisches Informationsmedium? Ein Überblick über die Forschungsergebnisse zur Hörfunknutzung. In: Jarren, Otfried (Hrsg.) 1994a: Politische Kommunikation in Hörfunk und Fernsehen. Elektronische Medien in der Bundesrepublik Deutschland. Opladen: Leske + Budrich. S. 157-172.

Häusermann, Jürgen 1998: Radio Tübingen: Niemeyer.

Hesse, Kurt 1994: Das politische Informationsangebot im Hörfunk: Ergebnisse von Programm-Inhaltsanalysen. In: Jarren, Otfried (Hrsg.) 1994a: Politische Kommunikation in Hörfunk und Fernsehen. Elektronische Medien in der Bundesrepublik Deutschland. Opladen: Leske + Budrich. S. 149-156.

Hömberg, Walter/Pürer, Heinz (Hrsg.) 1996: Medien-Transformation. Zehn Jahre dualer Rundfunk in Deutschland. Konstanz: UVK-Medien.

Hüning, Wolfgang/Otto, Kim 2002: Agenda-Setting im nordrhein-westfälischen Landtagswahlkampf 2000? Massenmediale Themenstruktur und Wählerwahrnehmung. In: Sarcinelli, Ulrich/ Schatz, Heribert (Hrsg.) 2002a: Mediendemokratie im Medienland? Inszenierungen und Themensetzungsstrategien im Spannungsfeld von Medien und Parteieliten am Beispiel der nordrhein-westfälischen Landtagswahl im Jahr 2000. Opladen: Leske + Budrich. S. 155-199.

Imhof, Kurt/Schulz, Peter (Hrsg.) 1998a: Die Veröffentlichung des Privaten - die Privatisierung des Öffentlichen. Opladen: Westdeutscher Verlag.

Imhof, Kurt/Schulz, Dieter 1998b: Die Veröffentlichung des Privaten - die Privatisierung des Öffentlichen. In: Imhof, Kurt/Schulz, Peter (Hrsg.) 1998a: Die Veröffentlichung des Privaten - die Privatisierung des Öffentlichen. Opladen: Westdeutscher Verlag. S. 9-14.

Jarren, Otfried (Hrsg.) 1994a: Politische Kommunikation in Hörfunk und Fernsehen. Elektronische Medien in der Bundesrepublik Deutschland. Opladen: Leske + Budrich.

Jarren, Otfried 1994b: Medien-Gewinne und Institutionenverluste? Zum Wandel des intermediären Systems in der Mediengesellschaft. Theoretische Anmerkungen zum Bedeutungszuwachs elektronischer Medien in der politischen Kommunikation. In: Jarren, Otfried (Hrsg.) 1994a: Politische Kommunikation in Hörfunk und Fernsehen. Elektronische Medien in der Bundesrepublik Deutschland. Opladen: Leske + Budrich. S. 23-34.

Jarren, Otfried (Hrsg.) 1994c: Medienwandel – Gesellschaftswandel. Berlin: Vistas.

Jarren, Otfried 1997: Rundfunk und Rundfunkregulierung in Deutschland. Probleme, Defizite und Zukunftsaufgaben. In: Schatz, Heribert/Jarren, Otfried/Knaup, Bettina (Hrsg.) 1997: Machtkonzentration in der Multimediagesellschaft. Beiträge zu einer Neubestimmung des Verhältnisses von politischer und medialer Macht. Opladen: Westdeutscher Verlag. S. 203-215.

Jarren, Otfried 1998: Medien, Mediensystem und politische Öffentlichkeit im Wandel. In: Sarcinelli, Ulrich (Hrsg.) 1998a: Politikvermittlung und Demokratie in der Mediengesellschaft. Bonn: Bundeszentrale für politische Bildung. S. 74-94.

Jarren, Otfried 2001: "Mediengesellschaft" - Risiken für die politische Kommunikation. In: Aus Politik und Zeitgeschichte, Jg. 2001, H. B41-42, S. 10-19.

Jarren, Otfried/Donges, Patrick/Weßler, Hartmut 1996: Medien und politischer Prozess. Eine Einleitung. In: Jarren, Otfried/Schatz, Heribert/Weßler, Hartmut (Hrsg.) 1996: Medien und politischer Prozess. Politische Öffentlichkeit und massenmediale Politikvermittlung im Wandel. Opladen: Westdeutscher Verlag. S. 9-37.

Jarren, Otfried/Sarcinelli, Ulrich/Saxer, Ulrich (Hrsg.) 1998: Politische Kommunikation in der demokratischen Gesellschaft. Ein Handbuch mit Lexikonteil. Opladen: Westdeutscher Verlag.

Jarren, Otfried/Schatz, Heribert/Weßler, Hartmut (Hrsg.) 1996: Medien und politischer Prozess. Politische Öffentlichkeit und massenmediale Politikvermittlung im Wandel. Opladen: Westdeutscher Verlag.

Kaase, Max 1998: Demokratisches System und die Mediatisierung von Politik. In: Sarcinelli, Ulrich (Hrsg.) 1998a: Politikvermittlung und Demokratie in der Mediengesellschaft. Bonn: Bundeszentrale für politische Bildung. S. 24-51.

Kaase, Max/Schulz, Winfried (Hrsg.) 1989: Massenkommunikation. Theorien, Methoden, Befunde. Opladen: Westdeutscher Verlag.

Kiefer, Marie-Luise 1996: Das duale Rundfunksystem - wirtschaftstheoretisch betrachtet. In: Hömberg, Walter/Pürer, Heinz (Hrsg.) 1996: Medien-Transformation. Zehn Jahre dualer Rundfunk in Deutschland. Konstanz: UVK-Medien. S. 81-97.

Kiefer, Marie-Luise 1997: Hörfunk: Dauergast zur Information und Unterhaltung. In: Media Perspektiven, Jg. 1997, H. 11. S. 612-618.

Kindel, Andreas 1998: Erinnern von Radio-Nachrichten. München: Fischer.

Kleinsteuber, Hans J. 1997: Medienmacht im ungleichen Wettbewerb. Stimmt die Balance von öffentlichem und kommerziellem Rundfunk im dualen System? In: Schatz, Heribert/Jarren, Otfried/ Knaup, Bettina (Hrsg.) 1997: Machtkonzentration in der Multimediagesellschaft. Beiträge zu einer Neubestimmung des Verhältnisses von politischer und medialer Macht. Opladen: Westdeutscher Verlag. S. 244-257.

Klingemann, Hans-Dieter/Voltmer, Katrin 1998: Politische Kommunikation als Wahlkampfkommunikation. In: Jarren, Otfried/Sarcinelli, Ulrich/Saxer, Ulrich (Hrsg.) 1998: Politische Kommunikation in der demokratischen Gesellschaft. Ein Handbuch mit Lexikonteil. Opladen: Westdeutscher Verlag. S. 396-405.

Klingler, Walter/Roters, Gunnar/Zöllner, Oliver (Hrsg.) 1998: Fernsehforschung in Deutschland. Themen – Akteure – Methoden. Baden-Baden: Nomos Verlagsgesellschaft.

Koch-Baumgarten, Sigrid 2003: Verbände und Medien - "Widerspenstiges" in der Debatte um die Mediendemokratie. In: Politische Bildung, 36. Jg., H. 4. S. 43-59.

Krüger, Udo-Michael 1996: Boulevardisierung der Information im Privatfernsehen. In: Media Perspektiven, Jg. 1996, H. 7. S. 362-374.

Krüger, Udo-Michael 1998: Zum Stand der Konvergenzforschung im dualen Rundfunksystem. In: Klingler, Walter/Roters, Gunnar/Zöllner, Oliver (Hrsg.) 1998: Fernsehforschung in Deutschland. Themen – Akteure – Methoden. Baden-Baden: Nomos Verlagsgesellschaft. S. 151-184.

LaRoche, Walther von 1997: Jingle - die Grundlagen In: LaRoche, Walther von/Buchholz, Axel (Hrsg.) 1997: Radio-Journalismus. Ein Handbuch für Ausbildung und Praxis im Hörfunk. München: Paul List Verlag. S. 194-198.

LaRoche, Walther von/Buchholz, Axel (Hrsg.) 1997: Radio-Journalismus. Ein Handbuch für Ausbildung und Praxis im Hörfunk. München: Paul List Verlag.

LfM 2005:
    http://www.lfm-nrw.de/lfr/aufbau_lfr/. (15.09.2005).

Lindner-Braun, Christa (Hrsg.) 1998a: Radioforschung. Konzepte, Instrumente und Ergebnisse aus der Praxis. Opladen: Westdeutscher Verlag.

Lindner-Braun, Christa 1998b: Radio ist lebendig, präzise und persönlich - Ansatz zu einer Radiotheorie. In: Lindner-Braun, Christa (Hrsg.) 1998: Radioforschung. Konzepte, Instrumente und Ergebnisse aus der Praxis. Opladen: Westdeutscher Verlag. S. 25-76.

Ludes, Peter/Staab, Joachim Friedrich/Schütte, Georg 1997: Nachrichtenausblendung und Nachrichtenaufklärung. In: Schatz, Heribert/Jarren, Otfried/Knaup, Bettina (Hrsg.) 1997: Machtkonzentration in der Multimediagesellschaft. Beiträge zu einer Neubestimmung des Verhältnisses von politischer und medialer Macht. Opladen: Westdeutscher Verlag. S. 139-156.

Marcinkowski, Frank 1994: Irritation durch Programm - Wie kommunizieren Politik und Rundfunk? In: Jarren, Otfried (Hrsg.) 1994a: Politische Kommunikation in Hörfunk und Fernsehen. Elektronische Medien in der Bundesrepublik Deutschland. Opladen: Leske + Budrich. S. 51-65.

Marcinkowski, Frank 1996: Politikvermittlung durch das Fernsehen. Politiktheoretische und konzeptionelle Grundlagen der empirischen Forschung. In: Jarren, Otfried/Schatz, Heribert/Weßler, Hartmut (Hrsg.) 1996: Medien und politischer Prozess. Politische Öffentlichkeit und massenmediale Politikvermittlung im Wandel. Opladen: Westdeutscher Verlag. S. 201-212.

Marcinkowski, Frank 1997: Politische Macht und Publizität von Politik. Politische Macht zweier Medien und die Empirie des "dualen" Fernsehsystems. In: Schatz, Heribert/Jarren, Otfried/Knaup, Bettina (Hrsg.) 1997: Machtkonzentration in der Multimediagesellschaft. Beiträge zu einer Neubestimmung des Verhältnisses von politischer und medialer Macht. Opladen: Westdeutscher Verlag. S. 46-64.

Marcinkowski, Frank 1998: Politikvermittlung durch Hörfunk und Fernsehen. In: Sarcinelli, Ulrich (Hrsg.) 1998a: Politikvermittlung und Demokratie in der Mediengesellschaft. Bonn: Bundeszentrale für politische Bildung. S. 165-183.

Massing, Peter (Hrsg.) 2003: Mediendemokratie. Eine Einführung. Schwalbach: Wochenschau Verlag.

Mauer, Torsten 2005: Fernsehnachrichten und Nachrichtenqualität. Eine Längsschnittstudie zur Nachrichtenentwicklung in Deutschland. München: Reinhard Fischer.

Mayring, Philipp 1995: Qualitative Inhaltsanalyse. Weinheim: Deutscher Studien-Verlag.

Merten, Klaus 1995: Inhaltsanalyse. Einführung in Theorie, Methode und Praxis. Opladen: Westdeutscher Verlag.

Merten, Klaus/Gansen, Petra/Götz, Markus 1995: Veränderungen im dualen Hörfunksystem. Vergleichende Inhaltsanalyse öffentlich-rechtlicher und privater Hörfunkprogramme in Norddeutschland. Münster: Lit Verlag.

Meyer, Thomas 1997: Verfügungsmacht, Wettbewerb und Präsentationslogik. Einflußfaktoren auf den politischen Diskurs in den elektronischen Massenmedien. In: Schatz, Heribert/Jarren, Otfried/Knaup, Bettina (Hrsg.) 1997: Machtkonzentration in der Multimediagesellschaft. Beiträge zu einer Neubestimmung des Verhältnisses von politischer und medialer Macht. Opladen: Westdeutscher Verlag. S. 65-77.

Meyer, Thomas 2002: Mediokratie - Auf dem Weg in eine andere Demokratie? In: Aus Politik und Zeitgeschichte, Jg. 2002, H. B15-16. S. 7-14.

Oberreuter, Heinrich (Hrsg.) 2001: Umbruch `98 - Wähler, Parteien, Kommunikation. München: Olzog.

Pfetsch, Barbara 1998: Regieren unter den Bedingungen medialer Allgegenwart. In: Sarcinelli, Ulrich (Hrsg.) 1998a: Politikvermittlung und Demokratie in der Mediengesellschaft. Bonn: Bundeszentrale für politische Bildung. S. 233-252.

Rabe, Jens-Christian/Jakobs, Hans-Jürgen 2005: Wo die Musi spielt. Hitparaden, Gewinnspiele, Staumeldungen und ordentliche Rendite - 20 Jahre privates Radio in Deutschland. In: Süddeutsche Zeitung, Nr. 207 vom 08.09.2005. S. 17.

Radeck, Bernd 1997: Neue Programmformate und Grundversorgung. In: Barth, Christof/Schröter, Christian (Hrsg.) 1997: Radioperspektiven. Strukturen und Programme. Baden-Baden: Nomos Verlagsgesellschaft. S. 153-160.

Radio NRW 2005: http://www.radionrw.de/neu/index.php?dest=1. (07.09.2005).

Ridder, Christa-Maria/Eimeren, Birgit van/Engel, Bernhard u.a. 2002: Massenkommunikation VI. Eine Langzeitstudie zur Mediennutzung und Medienbewertung 1964-2000. Baden-Baden: Nomos Verlagsgesellschaft.

Ridder, Christa-Maria/Engel, Bernhard 2005: Massenkommunikation 2005: Images und Funktionen der Massenmedien im Vergleich. In: Media Perspektiven, Jg. 2005, H. 9. S. 422-448.

Ross, Dieter 1998: Die Regression des Politischen. Die Massenmedien privatisieren die Öffentlichkeit. In: Imhof, Kurt/Schulz, Peter (Hrsg.) 1998a: Die Veröffentlichung des Privaten - die Privatisierung des Öffentlichen. Opladen: Westdeutscher Verlag. S. 149-156.

Roters, Gunnar/Klingler, Walter/Gerhards, Maria (Hrsg.) 1999: Information und Informationsrezeption. Baden-Baden: Nomos Verlagsgesellschaft.

Rudzio, Wolfgang 2000: Das politische System der Bundesrepublik Deutschland. Opladen: Leske + Budrich.

Sarcinelli, Ulrich (Hrsg.) 1987a: Politikvermittlung. Beiträge zur politischen Kommunikationskultur. Stuttgart: BONN AKTUELL.

Sarcinelli, Ulrich 1987b: Politikvermittlung und demokratische Kommunikationskultur. In: Sarcinelli, Ulrich (Hrsg.) 1987: Politikvermittlung. Beiträge zur politischen Kommunikationskultur. Stuttgart: BONN AKTUELL. S. 19-45.

Sarcinelli, Ulrich 1994: Mediale Politikdarstellung und politisches Handeln. Analytische Anmerkungen zu einer notwendigerweise spannungsreichen Beziehung. In: Jarren, Otfried (Hrsg.) 1994: Politische Kommunikation in Hörfunk und Fernsehen. Elektronische Medien in der Bundesrepublik Deutschland. Opladen: Leske + Budrich. S. 35-50.

Sarcinelli, Ulrich (Hrsg.) 1998a: Politikvermittlung und Demokratie in der Mediengesellschaft. Bonn: Bundeszentrale für politische Bildung.

Sarcinelli, Ulrich 1998b: Politikvermittlung und Demokratie: Zum Wandel der politischen Kommunikationskultur. In: Sarcinelli, Ulrich (Hrsg.) 1998a: Politikvermittlung und Demokratie in der Mediengesellschaft. Bonn: Bundeszentrale für politische Bildung. S. 11-23.

Sarcinelli, Ulrich 1999: "The show must go on" – Medien und Politik im Wahlkampf 1998. In: Roters, Gunnar/Klingler, Walter/Gerhards, Maria (Hrsg.) 1999: Information und Informationsrezeption. Baden-Baden: Nomos Verlagsgesellschaft. S. 250-256.

Sarcinelli, Ulrich/Schatz, Heribert (Hrsg.) 2002a: Mediendemokratie im Medienland? Inszenierungen und Themensetzungsstrategien im Spannungsfeld von Medien und Parteieliten am Beispiel der nordrhein-westfälischen Landtagswahl im Jahr 2000. Opladen: Leske + Budrich.

Sarcinelli, Ulrich/Schatz, Heribert 2002b: Von der Parteien- zur Mediendemokratie. Eine These auf dem Prüfstand. In: Sarcinelli, Ulrich/Schatz, Heribert (Hrsg.) 2002a: Mediendemokratie im Medienland? Inszenierungen und Themensetzungsstrategien im Spannungsfeld von Medien und Parteieliten am Beispiel der nordrhein-westfälischen Landtagswahl im Jahr 2000. Opladen: Leske + Budrich. S. 9-32.

Sarcinelli, Ulrich/Schatz, Heribert 2002c: Mediendemokratie im Medienland Nordrhein-Westfalen? Eine Bilanz aus Akteurssicht sowie eine zusammenfassende Bewertung der Untersuchungsergebnisse. In: Sarcinelli, Ulrich/Schatz, Heribert (Hrsg.) 2002a: Mediendemokratie im Medienland? Inszenierungen und Themensetzungsstrategien im Spannungsfeld von Medien und Parteieliten am Beispiel der nordrhein-westfälischen Landtagswahl im Jahr 2000. Opladen: Leske + Budrich. S. 429-442.

Saxer, Ulrich 1998: Mediengesellschaft: Verständnisse und Missverständnisse. In: Sarcinelli, Ulrich (Hrsg.) 1998a: Politikvermittlung und Demokratie in der Mediengesellschaft. Bonn: Bundeszentrale für politische Bildung. S. 52-73.

Scharf, Wilfried/Büning, Wolfgang 1989: Hörfunknachrichten in Norddeutschland. Ein inhaltsanalytischer Vergleich öffentlich-rechtlicher und privater Programme 1988. Göttingen.

Schatz, Heribert 1994: Rundfunkentwicklung im "dualen System": Die Konvergenzhypothese. In: Jarren, Otfried (Hrsg.) 1994a: Politische Kommunikation in Hörfunk und Fernsehen. Elektronische Medien in der Bundesrepublik Deutschland. Opladen: Leske + Budrich. S. 67-79.

Schatz, Heribert 2000: Massenmedien. In: Andersen, Uwe/Woyke, Wichard (Hrsg.) 2000: Handwörterbuch des politischen Systems der Bundesrepublik Deutschland. Bonn: Bundeszentrale für politische Bildung. S. 366-376.

Schatz, Heribert/Immer, Nikolaus/Marcinkowski, Frank 1989: Strukturen und Inhalte des Rundfunkprogramms der vier Kabelpilotprojekte. Düsseldorf: Presse- und Informationsamt der Landesregierung Nordrhein-Westfalen.

Schatz, Heribert/Jarren, Otfried/Knaup, Bettina (Hrsg.) 1997: Machtkonzentration in der Multimediagesellschaft. Beiträge zu einer Neubestimmung des Verhältnisses von politischer und medialer Macht. Opladen: Westdeutscher Verlag.

Schenk, Michael/Gralla, Susanne/Neuber, Wolfgang 1997: Zur Stellung des landesweiten, regionalen und lokalen Hörfunks. Analysen zur Mediennutzung. In: Barth, Christof/Schröter, Christian (Hrsg.) 1997: Radioperspektiven. Strukturen und Programme. Baden-Baden: Nomos Verlagsgesellschaft. S. 49-64.

Scherer, Helmut 1997: Radio-Aktiv. Vom aktiven Umgang der Hörer mit dem Radio. In: Barth, Christof/Schröter, Christian (Hrsg.) 1997: Radioperspektiven. Strukturen und Programme. Baden-Baden: Nomos Verlagsgesellschaft. S. 111-138.

Schibli, André 2004:
Medienmanagement im Hörfunk.
http://www.mediatrend.ch/wissenstransfer/ pdf/wt_studie_schibli.pdf.
(14.09.2005).

Schmidt, Hans-Harro 1991: Nachrichten - News-Shows. In: Arnold, Bernd-Peter/Quandt, Siegfried (Hrsg.) 1991: Radio heute. Die neuen Trends im Hörfunkjournalismus. Frankfurt a.M.: Inst. für Medienentwicklung und Kommunikation. S. 27-37.

Schneider, Beate 1998: Mediensystem. In: Jarren, Otfried/Sarcinelli, Ulrich/Saxer, Ulrich (Hrsg.): Politische Kommunikation in der demokratischen Gesellschaft 1998. Ein Handbuch mit Lexikonteil. Opladen: Westdeutscher Verlag. S. 422-430.

Schönbach, Klaus/Goertz, Lutz 1995: Radio-Nachrichten: bunt und flüchtig? Eine Untersuchung zu Präsentationsformen von Hörfunknachrichten und ihren Leistungen. Berlin: VISTAS.

Schröter, Detlef 1995: Programmanalyse - sehr gut, aber wie? Ein Werkstattbericht über die inhaltsanalytischen Grundlagen einer Analyse der privaten Hörfunkprogramme in München. In: Bucher, Hans-Jürgen/Klingler, Walter/Schröter, Christian (Hrsg.) 1995: Radiotrends. Formate, Konzepte und Analysen. Baden Baden: Nomos Verlagsgesellschaft. S. 121-140.

Schulz, Winfried 1989: Massenmedien und Realität. Die "ptolemäische" und die "kopernikanische" Auffassung. In: Kaase, Max/Schulz, Winfried (Hrsg.) 1989: Massenkommunikation. Theorien, Methoden, Befunde. Opladen: Westdeutscher Verlag. S. 135-149.

Schumacher, Birgit 1987: Kommunikationspolitisch relevante Urteile des Bundesverfassungsgerichts seit 1976. In: Publizistik, Jg. 1987, H. 32. S. 405-421.

Schwanebeck, Axel 1998: Beim letzten Ton des Zeitzeichens war es... Das Radio im Beschleunigungssog. In: Schwanebeck, Axel/Ackermann, Max (Hrsg.) 1998: Radio im Zeitdruck. München: Fischer. S. 25-33.

Schwanebeck, Axel/Ackermann, Max (Hrsg.) 1998: Radio im Zeitdruck. München: Fischer.

Seeger, Peter 1997: Euphorie und Ernüchterung - Strukturwandel der elektronischen Medien. In: Schatz, Heribert/Jarren, Otfried/Knaup, Bettina (Hrsg.) 1997: Machtkonzentration in der Multimediagesellschaft. Beiträge zu einer Neubestimmung des Verhältnisses von politischer und medialer Macht. Opladen: Westdeutscher Verlag. S. 124-135.

Simon, Erk 1998: Informationsmedium Radio. Befunde zur Bedeutung, Nutzung und Bewertung von Nachrichten und aktuellen Informationen. In: Lindner-Braun, Christa (Hrsg.) 1998a: Radioforschung. Konzepte, Instrumente und Ergebnisse aus der Praxis. Opladen: Westdeutscher Verlag. S. 191-208.

Stuiber, Heinz-Werner 1990: Landesweiter Hörfunk in Bayern - Programm, Publikumswünsche und Bewertungen. München: Fischer.

Stuiber, Heinz-Werner 1998: Medien in Deutschland. Rundfunk. Konstanz: UVK Medien.

Stümpert, Hermann 1999: Informationsverpackung im Radio. In: Roters, Gunnar/Klingler, Walter/ Gerhards, Maria (Hrsg.) 1999: Information und Informationsrezeption. Baden-Baden: Nomos Verlagsgesellschaft. S. 165-167.

Stümpert, Hermann 2005: Ist das Radio noch zu retten? Berlin : Uni Edition.

Trebbe, Joachim/Maurer, Torsten 1999: Hörfunklandschaft Niedersachsen. Eine vergleichende Analyse. Berlin: Vistas.

WDR 2005a:
http://www.wdr.de/unternehmen/tv_radio/radio/studios/pgz2/index.jhtml (07.09.2005).

WDR 2005b:
http://www.wdr.de/unternehmen/tv_radio/radio/mehrhoeren.jhtml. (07.09.2005).

WDR 2005c:
http://www.wdr.de/unternehmen/rundfunkrat/aufgaben/index.jhtml. (15.09.2005).

WDR 2005d:
  http://www.wdr.de/unternehmen/rundfunkrat/aufgaben/zusammensetzun
  g.jthml. (15.09.2005).

Wegener, Claudia 2001: Informationsvermittlung im Zeitalter der Unterhaltung. Eine Langzeitanalyse politischer Fernsehmagazine. Wiesbaden:
  Westdeutscher Verlag.

Wehner, Josef 1998: Öffentliche Meinung und Person. Zur Darstellung der
  Politik in den Medien In: Imhof, Kurt/Schulz, Peter (Hrsg.) 1998a: Die
  Veröffentlichung des Privaten - die Privatisierung des Öffentlichen.
  Opladen: Westdeutscher Verlag. S. 318-331.

Weiß, Ralph/Rudolph, Werner/Classen, Christoph 1993: Lokalradios in
  Nordrhein-Westfalen und lokale Information. Beiträge zur Meinungsbildung in kommunalen Streitfragen. In: Media Perspektiven, Jg. 1993, S.
  75-84 und S. 96.

Westerbarkey, Joachim 1998: Wir Voyeure: Zur Attraktivität publizierter
  Privatheit. In: Imhof, Kurt/Schulz, Peter (Hrsg.) 1998a: Die Veröffentli-
  chung des Privaten - die Privatisierung des Öffentlichen. Opladen:
  Westdeutscher Verlag. S. 312-317.

Widlok, Peter 1994a: Hörfunkanbieter und Hörfunkprogramme in Deutschland.
  In: Jarren, Otfried (Hrsg.) 1994a: Politische Kommunikation in Hörfunk
  und Fernsehen. Elektronische Medien in der Bundesrepublik Deutschland. Opladen: Leske + Budrich. S. 135-148.

Widlok, Peter 1994b: Billigware oder Luxusgut? Der Hörfunk in Deutschland
  seit 1984 im Wandel. In: Jarren, Otfried (Hrsg.) 1994c: Medienwandel –
  Gesellschaftswandel. Berlin: Vistas. S. 229-243.

Wilke, Jürgen 1998: Analytische Dimension der Personalisierung des Politischen. In: Imhof, Kurt/ Schulz, Peter (Hrsg.) 1998a: Die Veröffentlichung des Privaten - die Privatisierung des Öffentlichen. Opladen:
  Westdeutscher Verlag. S. 283-294.

Wilke, Jürgen (Hrsg.) 1999a: Mediengeschichte der Bundesrepublik Deutschland. Bonn: Bundeszentrale für politische Bildung.

Wilke, Jürgen 1999b: Leitmedien und Zielgruppenorgane. In: Wilke, Jürgen
  (Hrsg.) 1999a: Mediengeschichte der Bundesrepublik Deutschland.
  Bonn: Bundeszentrale für politische Bildung. S. 302-329.

Quellenverzeichnis

- Rundfunkgesetz für das Land Nordrhein-Westfalen (LRG NW) in der Fassung der Bekanntmachung der Neufassung vom 24. August 1995 (GV. NW. 1995 S. 994), zuletzt geändert durch Gesetz vom 10. Februar 1998 (GV. NW. 1998 S. 148)
- Gesetz über den „Westdeutschen Rundfunk Köln" (WDR-GESETZ) vom 23. März 1985, in der Fassung vom 30.11.2004
- Rundfunkstaatsvertrag vom 31.08.1991
- Hörfunknachrichten WDR 2 vom 17.05.2005, 08h
- Hörfunknachrichten WDR 2 vom 18.05.2005, 08h
- Hörfunknachrichten WDR 2 vom 18.05.2005, 18h
- Hörfunknachrichten WDR 2 vom 19.05.2005, 08h
- Hörfunknachrichten WDR 2 vom 19.05.2005, 18h
- Hörfunknachrichten WDR 2 vom 20.05.2005, 08h
- Hörfunknachrichten WDR 2 vom 20.05.2005, 18h
- Hörfunknachrichten WDR 2 vom 23.05.2005, 08h
- Hörfunknachrichten WDR 2 vom 23.05.2005, 18h
- Hörfunknachrichten WDR 2 vom 24.05.2005, 08h
- Hörfunknachrichten WDR 2 vom 24.05.2005, 18h
- Hörfunknachrichten WDR 2 vom 25.05.2005, 08h
- Hörfunknachrichten WDR 2 vom 25.05.2005, 18h
- Hörfunknachrichten WDR 2 vom 27.05.2005, 08h
- Hörfunknachrichten WDR 2 vom 18.07.2005, 08h
- Hörfunknachrichten WDR 2 vom 18.07.2005, 18h
- Hörfunknachrichten WDR 2 vom 19.07.2005, 08h
- Hörfunknachrichten WDR 2 vom 19.07.2005, 18h
- Hörfunknachrichten WDR 2 vom 20.07.2005, 08h
- Hörfunknachrichten WDR 2 vom 20.07.2005, 18h
- Hörfunknachrichten WDR 2 vom 21.07.2005, 08h
- Hörfunknachrichten WDR 2 vom 21.07.2005, 18h
- Hörfunknachrichten WDR 2 vom 22.07.2005, 08h
- Hörfunknachrichten WDR 2 vom 22.07.2005, 18h
- Hörfunknachrichten WDR 2 vom 25.07.2005, 08h
- Hörfunknachrichten WDR 2 vom 25.07.2005, 18h
- Hörfunknachrichten WDR 2 vom 26.07.2005, 08h
- Hörfunknachrichten WDR 2 vom 27.07.2005, 08h
- Hörfunknachrichten WDR 2 vom 27.07.2005, 18h
- Hörfunknachrichten WDR 2 vom 28.07.2005, 08h
- Hörfunknachrichten WDR 2 vom 28.07.2005, 18h
- Hörfunknachrichten WDR 2 vom 29.07.2005, 08h
- Hörfunknachrichten WDR 2 vom 29.07.2005, 18h
- Hörfunknachrichten Radio NRW vom 17.05.2005, 08h
- Hörfunknachrichten Radio NRW vom 18.05.2005, 08h
- Hörfunknachrichten Radio NRW vom 18.05.2005, 18h
- Hörfunknachrichten Radio NRW vom 19.05.2005, 08h

© Springer Fachmedien Wiesbaden GmbH, ein Teil von Springer Nature 2007
A. Primavesi, *Hörfunknachrichten im Wandel*, Edition KWV,
https://doi.org/10.1007/978-3-658-24700-3

- Hörfunknachrichten Radio NRW vom 19.05.2005, 18h
- Hörfunknachrichten Radio NRW vom 20.05.2005, 08h
- Hörfunknachrichten Radio NRW vom 20.05.2005, 18h
- Hörfunknachrichten Radio NRW vom 23.05.2005, 08h
- Hörfunknachrichten Radio NRW vom 23.05.2005, 18h
- Hörfunknachrichten Radio NRW vom 24.05.2005, 08h
- Hörfunknachrichten Radio NRW vom 24.05.2005, 18h
- Hörfunknachrichten Radio NRW vom 25.05.2005, 08h
- Hörfunknachrichten Radio NRW vom 25.05.2005, 18h
- Hörfunknachrichten Radio NRW vom 27.05.2005, 08h
- Hörfunknachrichten Radio NRW vom 18.07.2005, 08h
- Hörfunknachrichten Radio NRW vom 18.07.2005, 18h
- Hörfunknachrichten Radio NRW vom 19.07.2005, 08h
- Hörfunknachrichten Radio NRW vom 19.07.2005, 18h
- Hörfunknachrichten Radio NRW vom 20.07.2005, 08h
- Hörfunknachrichten Radio NRW vom 20.07.2005, 18h
- Hörfunknachrichten Radio NRW vom 21.07.2005, 08h
- Hörfunknachrichten Radio NRW vom 21.07.2005, 18h
- Hörfunknachrichten Radio NRW vom 22.07.2005, 08h
- Hörfunknachrichten Radio NRW vom 22.07.2005, 18h
- Hörfunknachrichten Radio NRW vom 25.07.2005, 08h
- Hörfunknachrichten Radio NRW vom 25.07.2005, 18h
- Hörfunknachrichten Radio NRW vom 26.07.2005, 08h
- Hörfunknachrichten Radio NRW vom 27.07.2005, 08h
- Hörfunknachrichten Radio NRW vom 27.07.2005, 18h
- Hörfunknachrichten Radio NRW vom 28.07.2005, 08h
- Hörfunknachrichten Radio NRW vom 28.07.2005, 18h
- Hörfunknachrichten Radio NRW vom 29.07.2005, 08h
- Hörfunknachrichten Radio NRW vom 29.07.2005, 18h

Anhang

Tabellen

Übersicht Nachrichtensendungen WDR 2

lfd. Nr.	ID-Nr.	Länge	Anzahl Meldungen	Anzahl K-O	Anzahl A-O	Summe O-Töne	Anzahl pol. Meld. "weit"	Anzahl pol. Meld. "eng"	Anzahl pol. Meld. gesamt
W01	W-170505-08	0:05:10	7	3	0	3	2	0	2
W02	W-180505-08	0:04:53	7	3	0	3	0	2	2
W03	W-180505-18	0:05:04	8	3	0	3	2	3	5
W04	W-190505-08	0:05:05	7	2	2	4	4	2	6
W05	W-190505-18	0:04:52	6	3	0	3	0	2	2
W06	W-200505-08	0:05:03	7	3	1	4	1	2	3
W07	W-200505-18	0:05:06	9	2	0	2	2	0	2
W08	W-230505-08	0:05:07	4	2	2	4	1	2	3
W09	W-230505-18	0:04:55	6	2	0	2	4	0	4
W10	W-240505-08	0:05:02	7	3	1	4	2	1	3
W11	W-240505-18	0:05:10	7	2	1	3	2	2	4
W12	W-250505-08	0:05:12	6	2	2	4	2	1	3
W13	W-250505-18	0:05:09	9	0	0	0	3	0	3
W14	W-270505-08	0:05:12	6	3	0	3	3	1	4
W15	W-180705-08	0:05:03	7	2	1	3	3	2	5
W16	W-180705-18	0:05:09	6	3	0	3	4	1	5
W17	W-190705-08	0:04:50	8	3	0	3	5	0	5
W18	W-190705-18	0:05:16	6	4	0	4	3	0	3
W19	W-200705-08	0:05:07	8	2	1	3	2	0	2
W20	W-200705-18	0:04:52	7	3	0	3	2	1	3
W21	W-210705-08	0:05:08	7	2	1	3	1	1	2
W22	W-210705-18	0:05:16	7	3	0	3	2	1	3
W23	W-220705-08	0:05:22	5	3	1	4	0	1	1
W24	W-220705-18	0:05:05	8	3	0	3	2	1	3
W25	W-250705-08	0:05:19	9	2	1	3	2	0	2
W26	W-250705-18	0:05:04	8	3	0	3	1	0	1
W27	W-260705-08	0:05:00	7	4	0	4	1	0	1
W28	W-270705-08	0:05:01	6	2	2	4	2	2	4
W29	W-270705-18	0:05:01	9	2	0	2	1	1	2
W30	W-280705-08	0:05:04	7	2	1	3	0	0	0
W31	W-280705-18	0:05:07	6	4	0	4	1	0	1
W32	W-290705-08	0:04:51	7	3	0	3	0	0	0
W33	W-290705-18	0:04:54	8	0	0	0	1	0	1
SUMME		2:47:29	232	83	17	100	61	29	90
DURCHSCHN.		0:05:05	7,0	2,5	0,5	3,0	1,8	0,9	2,7

Tabelle 4: Übersicht Nachrichtensendungen WDR 2

© Springer Fachmedien Wiesbaden GmbH, ein Teil von Springer Nature 2007
A. Primavesi, *Hörfunknachrichten im Wandel*, Edition KWV,
https://doi.org/10.1007/978-3-658-24700-3

Übersicht Nachrichtensendungen Radio NRW

lfd. Nr.	ID-Nr.	Länge	Anzahl Meldungen	Anzahl K-O	Anzahl A-O	Summe O-Töne	Anzahl pol. Meld. "weit"	Anzahl pol. Meld. "eng"	Anzahl pol. Meld. gesamt
N01	N-170505-08	0:03:42	7	2	0	2	0	0	0
N02	N-180505-08	0:03:41	6	1	1	2	0	1	1
N03	N-180505-18	0:04:01	7	1	1	2	1	0	1
N04	N-190505-08	0:03:35	7	2	0	2	1	0	1
N05	N-190505-18	0:03:50	7	1	1	2	0	0	0
N06	N-200505-08	0:03:51	7	2	0	2	2	0	2
N07	N-200505-18	0:03:30	7	2	0	2	1	0	1
N08	N-230505-08	0:04:08	7	0	2	2	3	1	4
N09	N-230505-18	0:03:18	6	0	2	2	1	0	1
N10	N-240505-08	0:03:23	7	1	2	3	2	0	2
N11	N-240505-18	0:03:14	7	1	1	2	1	0	1
N12	N-250505-08	0:03:50	7	1	2	3	3	0	3
N13	N-250505-18	0:03:51	8	1	1	2	1	0	1
N14	N-270505-08	0:03:20	7	1	1	2	3	0	3
N15	N-180705-08	0:04:06	7	2	0	2	1	1	2
N16	N-180705-18	0:03:30	7	1	1	2	0	1	1
N17	N-190705-08	0:04:07	7	2	0	2	1	0	1
N18	N-190705-18	0:03:36	7	2	0	2	1	1	2
N19	N-200705-08	0:04:07	7	2	0	2	1	0	1
N20	N-200705-18	0:03:59	7	1	1	2	0	0	0
N21	N-210705-08	0:03:46	7	2	0	2	1	0	1
N22	N-210705-18	0:03:41	7	1	2	3	1	0	1
N23	N-220705-08	0:04:06	7	1	1	2	0	1	1
N24	N-220705-18	0:03:39	7	1	1	2	1	0	1
N25	N-250705-08	0:03:48	7	2	0	2	1	0	1
N26	N-250705-18	0:03:46	7	1	1	2	1	0	1
N27	N-260705-08	0:03:39	7	2	1	3	1	0	1
N28	N-270705-08	0:03:35	7	2	0	2	0	0	0
N29	N-270705-18	0:03:39	7	1	0	1	0	0	0
N30	N-280705-08	0:03:32	7	1	1	2	0	0	0
N31	N-280705-18	0:03:52	7	2	0	2	0	0	0
N32	N-290705-08	0:03:32	7	1	1	2	1	0	1
N33	N-290705-18	0:03:24	7	2	0	2	1	0	1
SUMME		**2:02:38**	**230**	**45**	**24**	**69**	**31**	**6**	**37**
DURCHSCHN.		0:03:43	7,0	1,4	0,7	2,1	0,9	0,2	1,1

Tabelle 5: Übersicht Nachrichtensendungen Radio NRW

Codebuch

Analyseeinheit Nachrichtensendung

lfd. Nr. Sendung

  (zusammengesetzt aus der Abkürzung des Senders
  und den Zahlen 01-33 für die jeweilige Sendung

  Bsp.: W19 steht für die 19. Nachrichtensendung
        von WDR 2)

ID-Nr. Sendung

  (zusammengesetzt aus Abkürzung des Senders,
  dem Datum und der Uhrzeit der Aufzeichnung;

  Bsp.: N-200505-18 steht für die 18h Nachrichten
        von Radio NRW am 20.05.2005)

Länge der Sendung

Anzahl der Meldungen pro Sendung

Anzahl der Korrespondenten O-Töne pro Sendung

Anzahl der Akteurs O-Töne pro Sendung

Anzahl der O-Töne pro Sendung insgesamt

Analyseeinheit Meldung

ID-Nr. Meldung

  (zusammengesetzt aus Abkürzung des Senders,
  der lfd. Nr. der Sendung sowie der jeweiligen
  Nummer der Meldung;

  Bsp.: W24-3 steht für die dritte Meldung in der
        vierundzwanzigsten Sendung von WDR 2)

Länge der Meldung

Länge des Korrespondenten O-Tons (falls vorh.)

Länge des ersten Akteurs O-Tons (falls vorh.)

Länge des zweiten Akteurs O-Tons (falls vorh.)

Meldungsdaten

V01   Konfliktparteien

  1 Ja

  2 Nein

V02   Entscheidungsträger

  1 Ja

  2 Nein

V03   Entscheidungsinhalt

  1 Ja

  2 Nein

V04   Entscheidungsbetroffene
  1 Ja
  2 Nein

V05   Politikebene
  1 Kommunal
  2 Gliedstaaten
  3 National
  4 International/bilateral
  5 Supranational/global
  6 trifft nicht zu

Sachgebiete
V06   Staat/Parteien
  1 Ja
  2 Nein

V07   Wirtschaft
  1 öffentliche Haushalte/Finanzen
  2 Arbeitsmarkt
  3 Industrie/Handel/Dienstleistungen
  4 Landwirtschaft
  5 Sonstiges
  6 Nein

V08   Wissenschaft/Technik/Forschung
  1 Ja
  2 Nein

V09   Recht
  1 Ja
  2 Nein

V10   Religion
  1 Ja
  2 Nein

V11   Gesundheit/Soziales
  1 Ja
  2 Nein

V12   Familie/Bildung/Erziehung
  1 Ja
  2 Nein

V13   Verkehrssysteme
      (Bahn, Schiff, Auto, Flugzeug)
      1 Ja
      2 Nein

V14   Umwelt/Natur (Energie)
      1 Ja
      2 Nein

V15   Naturkatastrophen
      1 Ja
      2 Nein

V16   Unglücke/Unfälle
      1 Ja
      2 Nein

V17   Krieg/kriegerische Auseinandersetzungen/
      Terrorismus
      1 Ja
      2 Nein

V18   Territoriale Fragen/Sicherheit/Verteidigung
      1 Ja
      2 Nein

V19   Sport
      1 Ja
      2 Nein

V20   Kultur
      1 Ausstellung/Museum/Gedenkstätten
      2 bildende Kunst/Architektur
      3 Literatur
      4 Konzerte E-Musik
      5 Konzerte U-Musik
      6 Theater/Schauspiel
      7 Boulevard-Theater
      8 Mode
      9 Hobby/Freizeit
     10 Sonstiges
     11 Nein

V21 Massenmedien
   1 Presse und sonstige Printmedien
   2 Hörfunk
   3 Fernsehen
   4 Film
   5 Sonstiges
   6 Nein

V22 Service
   1 Wetter
   2 Sonstiges
   3 Nein

V23 Human Interest/Boulevard
   1 Kriminalität/Verbrechen
   2 Privates/Persönliches
   3 Sexualität
   4 Lotto/Glücksspiel
   5 Sonstiges
   6 Nein

geografische Bezüge
V24 Ereignisort 1
   (erste Nennung)
   1 Nordrhein-Westfalen
   2 Bundesrepublik
   3 Europa
   4 EU/EG
   5 Großbritannien
   6 Frankreich
   7 Italien
   8 Spanien
   9 Dänemark
  10 Irland
  11 Portugal
  12 Griechenland
  13 Niederlande
  14 Belgien
  15 Luxemburg
  16 Norwegen
  17 Schweden
  18 Finnland
  19 Österreich
  20 Schweiz
  21 Türkei

22 Polen

23 Tschechien

24 Slowakei

25 Ungarn

26 Slowenien

27 Estland

28 Lettland

29 Litauen

30 Zypern

31 Malta

32 Südosteuropa (Bulgarien, Rumänien,
   ehemalige jugoslawische Staaten)

33 Russland

34 GUS (ohne Russland)

35 andere Gliedstaaten der ehemaligen Sowjetunion

36 USA

37 Kanada

38 Japan

39 China

40 übriges Asien

41 Australien/Neuseeland

42 Afrika

43 Israel

44 Palästina

45 Irak

46 Iran

47 Afghanistan

48 sonstige Länder des Nahen und Mittleren Ostens

49 Lateinamerika

50 kein Ereignisort

thematische Tiefe

V25 Faktendimensionierung
   (Hintergrundinformationen wie Ursachen, Folgen,
   Alternativen, Begründungen werden genannt)

   1 Ja

   2 Nein

Personalisierung

V26   Personalisierung
1 keine Personalisierung
(Personen, Namen und Titel werden nicht genannt,
rein sachliche Tatsachenbeschreibung)
2 schwache Personalisierung
(Personen werden genannt, sind aber für das Geschehen
irrelevant; Kern der Berichterstattung sind sachliche
Vorgänge und abstrakte Tatsachen)
3 mittlere Personalisierung
(im Mittelpunkt der Meldung stehen Personen und
unpersönliche Sachverhalte in etwa gleichrangig; die
Äußerung einer bzw. die Auseinandersetzung zwischen
mehreren namentlich genannten Personen dreht sich um
abstrakte Vorgänge)
4 starke Personalisierung
(das Geschehen dreht sich primär um einige oder mehrere
namentlich genannte oder genau bezeichnete Personen)

Analyseeinheit Person

ID-Nr. Person
(zusammengesetzt aus ID-Nr. Meldung und
fortlaufender Nummer der jeweils pro
Meldung auftretenden Person;
Bsp.: W05-3-1 steht für die erste genannte
oder zu Wort kommende Person
im dritten Beitrag der fünften Nachrichtensendung von WDR 2)
Länge des O-Tons

V01   Art des Auftretens
1 O-Ton
2 direktes/indirektes Zitat durch Nachrichtensprecher oder Korrespondent
3 Nennung des Namens bzw. genaue Bezeichnung
der auftretenden Person(en)

V02   Art der Meldung
1 politische Meldung
(enges Verständnis)
2 politische Meldung
(weites Verständnis)
3 keine politische Meldung

V03   Geschlecht
  1 männlich
  2 weiblich

V04   Handlungsbereich
  1 Kommunalpolitik
  2 Landespolitik
  3 Bundespolitik
  4 Int. Politik
  5 sonstige Politik
    (keine der genannten Kategorien)
  6 Wirtschaft/Industrie/
    Arbeitgebervertretung/Dienstleistung
  7 Gewerkschaften/Arbeitnehmervertretung
  8 sonstige Gruppen und Organisationen
    politisch/sozial engagierte Privatpersonen
    (Bürgerinitiativen, Hochschulgruppen, etc.)
  9 kulturelle Organisationen
  10 humanitäre Organisationen/Naturschutz
  11 sonstige Interessenverbände
  12 Polizei/Justiz/Grenzschutz
  13 Armee/Militär
  14 terroristische Organisationen
  15 religiöse Organisationen
  16 Wissenschaft/Forschung
  17 Kunst/Kultur/Literatur
  18 Sport
  19 Ärzte/medizinische Hilfe
  20 Medien/Showbusiness/Life-Style
  21 Königshäuser/Adel
  22 nicht-organisierte Privatpersonen
  23 öffentlicher Dienst
  24 sonstige Bereiche
    (keine der genannten Kategorien)

V05   Prominenz
  1 Nicht-Prominente
  2 regional bekannte und institutionen- bzw.
    gruppengebundene Prominente
    (z.B. nur unter Sportinteressierten
    oder Kunstkennern)
  3 vorwiegend in Deutschland bekannte
    Prominente
  4 international bekannte Prominente

V06 Person ist zentraler Handlungsträger
(Informationen in der Meldung beziehen
sich maßgeblich auf diese Person bzw.
diese Person ist Anlass und Mittelpunkt
Berichterstattung und nicht durch eine
andere zu ersetzen; pro Beitrag sollen
maximal drei zentrale Handlungsträger
ermittelt werden)
1 Ja
2 Nein
(Analyse endet an dieser Stelle)

V07 Sphäre der Berichterstattung über
den Handlungsträger
1 Privatsphäre
2 Sozialsphäre
3 Öffentlichkeitssphäre

The manufacturer's authorised representative in the EU is Springer
Nature Customer Service Centre GmbH, Europaplatz 3, 69115 Heidelberg,
Germany. If you have any concerns regarding our products, please
contact ProductSafety@springernature.com

Printed and bound by CPI Group (UK) Ltd, Croydon, CR0 4YY

27/04/2026

02097616-0012